Smart Start

共通テスト

スマート対策 [3訂版]

英語
リスニング

音声配信のご案内

本書に掲載のリスニングテストの音声は，音声専用サイトにて配信（ストリーミング・ダウンロード）しております。
サイトへは下記アドレスまたは QR コードからアクセスしてください。なお，配信は予告なく終了する場合がございます。

4 段階でスピード調整ができる！

http://akahon.net/smart-start/  

推奨 OS・ブラウザ

PC：Internet Explorer 11／Microsoft Edge※／Google Chrome※／Mozilla Firefox※／Apple Safari※　※最新版

スマートフォン・タブレット：Android 4.4 以上／iOS 9 以上

* 音声はダウンロードすることも可能です。音声データは MP3 形式です。ダウンロードした音声の再生には MP3 を再生できる機器をご使用ください。また，ご使用の機器や音声再生ソフト，インターネット環境などに関するご質問につきましては，当社では対応いたしかねます。各製品のメーカーまでお尋ねください。
* 専用サイトのご利用やダウンロードにかかるパケット通信料は，お客様のご負担となります。

はじめに

Smart Start シリーズ
「共通テスト　スマート対策」刊行に寄せて

2021 年 1 月から，「大学入学共通テスト」（以下，共通テスト）が始まりました。どんな問題が出題されるのだろう，どういった勉強をすればよいのだろう…と，不安に思っている人も少なくないかもしれません。まずは，共通テストのことを知りましょう。どんなテストなのかがわかれば，対策もグンとしやすくなるはずです。

共通テストでは，今まで以上に「思考力」が問われると言われています。しかしながら，実はこれまでも大学入試センター試験（以下，センター試験）や各大学の個別試験において，思考力を問う問題は出題されてきました。センター試験から共通テストに変わったとはいえ，各科目で習得すべき内容や大学入学までにつけておくべき学力が，大きく変わったわけではありません。本シリーズは，テストの変化にたじろぐことなく共通テストに対応できる力を養います。

このシリーズでは，2021 年 1 月に実施された，2 回の共通テスト本試験（第 1・2 日程）の出題を徹底的に分析すると同時に，共通テストに即した演習をするための良問を集めました。丁寧な分析によって共通テストのことがわかるだけでなく，科目ごとの特性を活かしつつ，本書オリジナル問題や，2017 年・2018 年に実施された試行調査（プレテスト），センター試験や各大学の過去問にアレンジを加えた問題，思考力の問われた過去問などから，共通テスト対策として最適な問題を精選し，効率的かつ無駄なく演習ができるような問題集となっています。

受験生の皆さんにとって，このシリーズが，共通テストへ向けたスマートな対策の第一歩となることを願っています。本書とともに，賢くスタートを切りましょう。

教学社 編集部

英語（リスニング）

監修・執筆	山添 玉基（河合塾 英語科講師）
作題・英文校閲	Ross Tulloch（清秀中学校・高等部 英語科教諭）
執筆協力	武知 千津子，鎌倉 友未
音声作成	一般財団法人 英語教育協議会（ELEC），T-BORN
イラスト※	山本 篤　※本書オリジナル問題用

CONTENTS

※ 2021 年度の共通テストは，新型コロナウイルス感染症の影響に伴う学業の遅れに対応する選択肢を確保するため，本試験が以下の 2 日程で実施されました。
　第 1 日程：2021 年 1 月 16 日(土)および 17 日(日)
　第 2 日程：2021 年 1 月 30 日(土)および 31 日(日)
※第 2 回プレテストは 2018 年度に，第 1 回プレテストは 2017 年度に実施されたものです。
※ 2020 年度以前の問題は，大学入試センター試験の問題です。

※本書に収載している，共通テストやプレテストに関する〔正解・配点・平均点〕は，大学入試センターから公表されたものです。
※共通テストに即した対策ができるよう，一部の演習問題は，大学入試センターの許可を得て，センター試験の過去問をもとに，アレンジしています。
※リスニングの第 1 回プレテストには，放送回数がすべて 2 回のバージョン A と放送回数が 1 回と 2 回が混在しているバージョン B があります。本書では，より問題数が多く放送回数にもバリエーションがあるバージョン B のみを取り上げます。

本書の特長と活用法

本書は，「共通テスト」を受験する人のための対策問題集です。本書には，「英語」のうち，リスニングについて，分析·問題·解答解説を収載しています。リーディングについては，本シリーズ内の姉妹本である『英語（リーディング）』に収載しています。

まず，共通テストのことを知る

本書では，まず「共通テスト」とは何なのかを簡単に説明し（→共通テストとは），「英語」の問題全体について，「大学入学共通テスト」の本試験およびプレテストと「大学入試センター試験」とを，徹底的に比較・分析し，共通テストの対策において必要と思われることを詳しく説明しています（→分析と対策）。〈リーディング〉と〈リスニング〉は，切り離しては考えられないものなので，**分析と対策**では両方を取り上げています。

演習＆実戦問題でステップアップ

第１章から第３章にかけては，共通テストで求められる力ごとに，演習問題を解き，基礎的な力をつけます。第４章は，第１章から第３章で学んだことの総仕上げです。そこまで仕上げた上で，巻末の「実戦問題」に取り組みましょう。「実戦問題」では2021年度本試験（第１日程）の問題・解答をそのまま収載していますので，本番形式でのチャレンジに最適です。

なお，本書で使用したセンター試験の過去問は，共通テスト対策に役立つ問題を厳選し，必要に応じてアレンジを加えたものです。

①語句や構文のレベルが共通テストとほぼ同じである
②見た目は異なっていても，設問の狙いに共通点がある
③英語力を伸ばすのに適した，非常によく練られた良問である

といった理由から，本書ではセンター試験の過去問も活用しています。

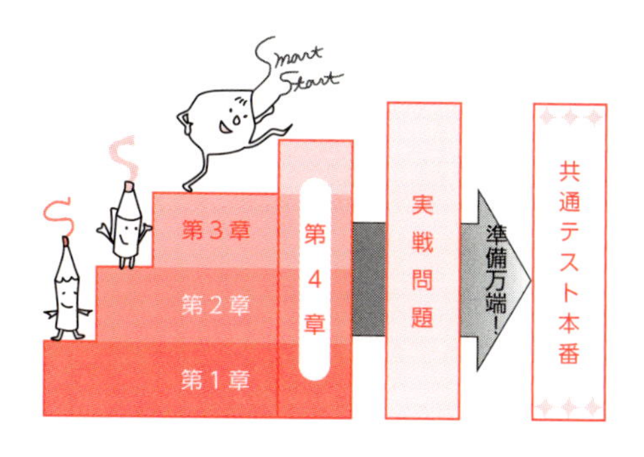

共通テストとは？

大学入学共通テスト（以下，共通テスト）は，大学への入学志願者を対象に，高校における基礎的な学習の達成度を判定し，大学教育を受けるために必要な能力について把握することを目的とする試験です。一般選抜で国公立大学を目指す場合は原則的に，一次試験として共通テストを受験し，二次試験として各大学の個別試験を受験することになります。また，私立大学も９割近くが共通テストを利用します。そのことから，共通テストは50万人近くが受験する，大学入試最大の試験になっています。以前は大学入試センター試験がこの役割を果たしており，共通テストはそれを受け継ぐものです。

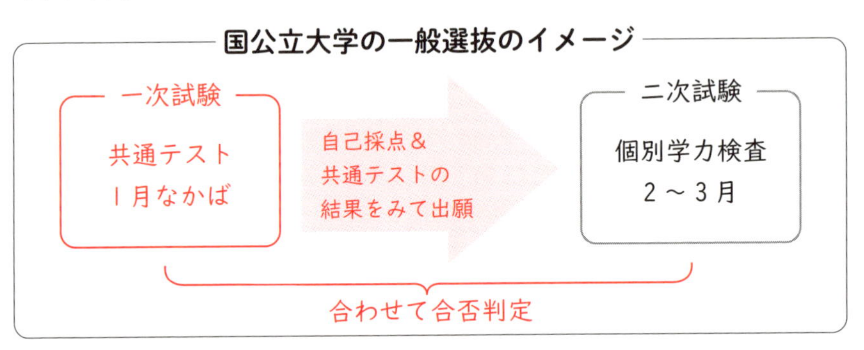

共通テストの特徴

共通テストの問題作成方針には「思考力，判断力，表現力等を発揮して解くことが求められる問題を重視する」とあり，これまで以上に**「思考力」を問う出題**が見られます。実際の問題を見ると，**日常的な題材**を扱う問題や**複数の資料**を読み取る問題が多く出題されています。そのため，共通テストの問題は難しく感じられるかもしれません。

しかし，過度に不安になる必要はありません。これまでも，思考力を問うような問題は出題されてきましたし，共通テストの問題作成方針にも「これまで問題の評価・改善を重ねてきた大学入試センター試験における良問の蓄積を受け継ぎつつ」と明記されています。共通テストの対策をする際は，センター試験の過去問も上手に活用しましょう。

「英語」の変更点

共通テストの英語では，センター試験の「筆記」が「リーディング」に改称され，「読むこと」に特化した内容になっています。また，センター試験では「筆記 200 点・リスニング 50 点」の「4：1」だった配点が，英語 4 技能※をバランスよく育成するという観点から，「リーディング 100 点・リスニング 100 点」の「1:1」の配点になっています。ただし，実際の入試で配点の比重をどのように置くかは各大学の判断になります。リーディングとリスニングの点数を「4：1」や「3：1」に換算して入試に用いる大学もあります。各大学の募集要項で必ず確認しましょう。

※英語 4 技能：読む（リーディング），聞く（リスニング），話す（スピーキング），書く（ライティング）

● リスニングでは「1 回読み」の問題も出題

センター試験のリスニングでは問題音声はすべて 2 回ずつ読み上げられていました。共通テストでは実際のコミュニケーションを想定して「1 回読み」の問題も出題されます。聞き逃しが許されないことになりますから，リスニング対策がより重要になったと言えるでしょう。

読む＋考える習慣をつけよう

共通テストは，これまで以上に**知識の活用**に重点が置かれ，「思考力」が問われるとされていますが，具体的にはどういうことでしょうか。実際の問題を見ると，たとえば**「複数の情報を組み合わせて考える問題」**や，**「正答となる組み合わせが複数ある問題」**などの出題が増えています。全体的に読む分量が増えているので，情報や文章を速く正確に読み取る**読解力**がより大切になってくると言えるでしょう。

各科目で学習する内容を実生活と結び付けてとらえ，実生活における正解のない問いに立ち向かう力をつけてほしいという考え方から，**高校での学習など身近な場面設定がなされている問題**も見られます。

共通テストへの対策は，各教科で学ぶべき内容をきちんと理解していることが土台になります。その上で，本シリーズを使って，共通テストの設問や解答形式に慣れておくとよいでしょう。普段から読むことをおろそかにせず，何に対しても「なぜなのか」を考える習慣をつけておきましょう。

共通テストの出題教科・科目

解答方法は全教科マーク式。

教科	出題科目	選択方法・出題方法	試験時間（配点）
国語	『国語』	「国語総合」の内容を出題範囲とし，近代以降の文章（2問100点），古典（古文（1問50点），漢文（1問50点））を出題する。	80分 （200点）
地理歴史	「世界史A」 「世界史B」 「日本史A」 「日本史B」 「地理A」 「地理B」	10科目から最大2科目を選択解答（同一名称を含む科目の組合せで2科目選択はできない。受験科目数は出願時に申請）。 『倫理，政治・経済』は，「倫理」と「政治・経済」を総合した出題範囲とする。	1科目選択 60分 （100点） 2科目選択 解答時間120分 （200点）
公民	「現代社会」 「倫理」 「政治・経済」 『倫理，政治・経済』		
数学 ①	「数学Ⅰ」 『数学Ⅰ・数学A』	2科目から1科目を選択解答。 『数学Ⅰ・数学A』は，「数学Ⅰ」と「数学A」を総合した出題範囲とする。「数学A」は3項目（場合の数と確率，整数の性質，図形の性質）の内容のうち，2項目以上を学習した者に対応した出題とし，問題を選択解答させる。	70分 （100点）
数学 ②	「数学Ⅱ」 『数学Ⅱ・数学B』 『簿記・会計』 『情報関係基礎』	4科目から1科目を選択解答。 『数学Ⅱ・数学B』は，「数学Ⅱ」と「数学B」を総合した出題範囲とする。「数学B」は3項目（数列，ベクトル，確率分布と統計的な推測）の内容のうち，2項目以上を学習した者に対応した出題とし，問題を選択解答させる。	60分 （100点）
理科 ①	「物理基礎」 「化学基礎」 「生物基礎」 「地学基礎」	8科目から下記のいずれかの選択方法により科目を選択解答（受験科目の選択方法は出願時に申請）。 A　理科①から2科目 B　理科②から1科目 C　理科①から2科目および理科②から1科目 D　理科②から2科目	【理科①】 2科目選択 60分（100点） 【理科②】 1科目選択 60分（100点） 2科目選択 解答時間120分 （200点）
理科 ②	「物理」 「化学」 「生物」 「地学」		
外国語	『英語』 『ドイツ語』 『フランス語』 『中国語』 『韓国語』	5科目から1科目を選択解答。 『英語』は，「コミュニケーション英語Ⅰ」に加えて「コミュニケーション英語Ⅱ」および「英語表現Ⅰ」を出題範囲とし，「リーディング」と「リスニング」を出題する。「リスニング」には，聞き取る英語の音声を2回流す問題と，1回流す問題がある。	『英語』 【リーディング】 80分（100点） 【リスニング】 解答時間30分 （100点） 『英語』以外 【筆記】 80分（200点）

Point 志望校での利用方法に注意！

共通テストでは，6 教科 30 科目の中から**最大で 6 教科 9 科目を選択して受験**します。どの科目を課すかは大学・学部・日程などによって異なります。受験生は志望大学の入試に必要な科目を選択して受験することになります。とりわけ，理科の選択方法や地歴公民の科目指定などは注意が必要です。受験科目が足りないと出願できなくなりますので，**第一志望に限らず，出願する可能性のある大学の入試に必要な教科・科目は早めに調べておきましょう。**

共通テストのキーワード

WEBもチェック!

共通テストのことがわかる！

http://akahon.net/k-test/

本書の内容は，2021 年 5 月までに文部科学省や大学入試センターから公表された資料や内容に基づいて作成していますが，実際の試験の際には，変更等も考えられますので，「受験案内」や大学入試センターのウェブサイトで，最新の情報を必ず確認してください。

大学入試センター ウェブサイト：https://www.dnc.ac.jp/

分析と対策

全体像を把握する

共通テストの英語の出題は，どのような特徴があるのでしょうか。概略を押さえて，共通テストの方向性をつかみましょう。

● 共通テストは，センター試験の発展形

〈リーディング〉

センター試験では，単語の知識（意味・発音）から始まり，熟語・文法，文と文のつながり…というように，英文を構成する最も小さな要素から文章全体の趣旨に至るまで，いわば「ミクロ（単語）からマクロ（文全体）まで」まんべんなく問われてきました。これに対して共通テストでは読解問題のみの出題で，単語・熟語・文法が独立した設問として問われることがなくなりました。

しかしこれは，「文法・語法・語彙の知識は必要ない」という意味ではありません。空所補充や語句整序の形式で問われなくなるというだけで，長文読解の中で，知識を適切に使いこなせるかどうかが問われるということです。共通テストにおいては，単語や文法といったミクロの知識が，マクロの問題の中で問われる形になったと言えるのです。ミクロの基礎知識は，問題を解くために必要な大前提となります。

〈リスニング〉

〈リーディング〉同様，〈リスニング〉でも，「文法・語彙の知識を，音声と結びつけることができるかどうか」が試される問題が出題されています。基礎知識を着実に身につけることを心がけましょう。

センター試験は，短めの対話と長文（モノローグ・ダイアローグ）の聞き取りから成り立っていましたが，共通テストではそうした問題に加えて，ある状況を描写した短文の聞き取りや，複数の資料を参照して内容を整理する問題なども出題され，思考力・判断力がいっそう問われる形に発展しています。

また，試験時間が30分とセンター試験の時と変わらないのに，解答数は25から37へと増加しています。これは，①センター試験ではすべての英文を2回読んでいたのに対して，共通テストでは2回読む問題と1回だけ読む問題とに分かれ，②1つの設問で複数の空所を埋めることが求められるためです。

共通テストの出題形式（2021 年度本試験）

〈リーディング〉

- ✔ すべて読解問題
- ✔ 文法が読解問題の中で問われる
- ✔ 設問文がすべて英語

〈リスニング〉

- ✔ 1 回読みの問題と 2 回読みの問題がある
- ✔ 文法の理解を直接問う問題がある
- ✔ 図や資料が多い

リーディング			リスニング				
全問マーク式	解答数	配点		全問マーク式	解答数	配点	放送回数
試験時間：80 分	47	100		解答時間：30 分	37	100	
短文の読解	5	10	第 1 問	短い発話	7	25	2
資料・短文の読解	10	20	第 2 問	短い対話	4	16	2
随筆的な文章の読解	8	15	第 3 問	短い対話	6	18	1
説明的な文章・資料の読解	6	16	第 4 問	モノローグ	9	12	1
伝記的な文章の読解	9	15	第 5 問	長めのモノローグ	7	15	1
説明的な文章・資料の読解	9	24	第 6 問	長めの対話・議論	4	14	1

共通テストの出題内容〈リーディング〉

		2021 年度本試験（第 1 日程）		2021 年度本試験（第 2 日程）	
		英文の内容	文章の種類	英文の内容	文章の種類
第 1 問	A	忘れもの	携帯電話メッセージ	キャンプ旅行の持ち物	携帯電話メッセージ
	B	ファンクラブの入会案内	ウェブサイト	英語のスピーチコンテストの案内	チラシ
第 2 問	A	学園祭バンドコンクールの審査	コメントと総合評価	再利用可能ボトルについての調査結果	調査結果
	B	放課後の活動時間短縮	オンラインの公開討論	サマープログラムの講座案内	授業内容の詳細と受講生のコメント
第 3 問	A	英国のホテルの検討	ウェブサイト	遊園地について	ブログ
	B	ボランティアの募集	学校のニュースレター	伝説のミュージシャン	音楽雑誌の記事
第 4 問		姉妹校からの生徒をもてなすスケジュール案	メールのやり取り	日本の観光産業について	メール
第 5 問		馬のようにふるまう雄牛アストンについての講演の準備	記事＋プレゼン用スライド	謎多き写真家についての発表の準備	記事＋プレゼンメモ
第 6 問	A	アイスホッケーの安全性の確保に関する発表の準備	記事＋プレゼン用ポスター	ある英国劇団の新たな試み	オンラインマガジンの記事
	B	さまざまな甘味料	教科書の文章	口腔衛生を保つことの大切さを訴える発表の準備	記事（説明的な文章）＋プレゼンメモ

参考：【プレテストの出題内容】

		第２回プレテスト		第１回プレテスト	
		英文の内容	文章の種類	英文の内容	文章の種類
第１問	A	英語部のお別れ会の計画	伝言メモ	香港のアミューズメントパーク	ウェブサイト
	B	姉妹都市交流会への参加募集	ウェブサイト	休日計画調査クラブ	告知ポスター
第２問	A	ミートポテトパイのレシピ	レシピとコメント	レストランのレビュー	ウェブサイト
	B	携帯電話禁止の記事（討論のための準備）	記事とコメント	学生がアルバイトをすることの是非（討論のための準備）	記事
第３問	A	高校の学園祭での経験	ブログ	トマトリー島についてのブログ	ブログ
	B	病院へのお見舞いにおける異文化体験	エッセイ	自動販売機と人間	新聞記事
第４問		読書の習慣	記事＋グラフ	ボランティア活動に対する興味についてのレポート	レポート＋グラフ
第５問	A	アメリカのジャーナリズムに革命をもたらした人物（ポスター発表のための準備）	記事＋ポスター	折り紙がもたらす好ましい影響	記事
	B	—	—	黒コショウと白コショウの比較（プレゼンテーションの準備）	記事＋メモ
第６問	A	女性パイロットはアジアのパイロット危機を救えるのか？（ジェンダーとキャリア形成に関するグループ発表の準備）	記事	「オスカーのキャンプ・キャニオンでの経験」という物語の感想（感想メモを埋める）	物語＋メモ
	B	自然のバランスに関連する問題への取り組み	記事	—	—

共通テストの出題内容〈リスニング〉

		詳細	放送英文の内容 2021年度本試験（第1日程）	放送英文の内容 2021年度本試験（第2日程）
第1問	A	短い発話を聞いて同意文を選ぶ	—	—
	B	短い発話を聞いて内容に近いイラストを選ぶ	—	—
第2問		短い対話と問いを聞いてイラストを選ぶ	—	—
第3問		短い対話を聞いて問いに答える	—	—
第4問	A	モノローグを聞いて図表を完成させる	学生の学外での活動・DVDの割引率	4都市の夏と冬の気温変化・バスの運行予定変更のお知らせ
	B	複数の情報を聞いて条件に合うものを選ぶ	ミュージカルの評価	インターン先の選択
第5問		講義の内容と図表の情報を使って問いに答える	デンマークの幸せな暮らし方・仕事と生活のバランス	生態系保全におけるブルーカーボン生態系の潜在力・生態系別の有機炭素貯留量比較
第6問	A	対話を聞いて要点を把握する	留学での滞在先	手書きの手紙についての賛否
	B	複数の意見を聞いて問いに答える	レシートの電子化	選挙の投票に行くかどうか

参考：【プレテストの出題内容】

		詳細 （第1回・第2回プレテストともに）	放送英文の内容 （第2回プレテスト）	放送英文の内容 （第1回プレテスト）
第1問	A	短い発話を聞いて同意文を選ぶ	—	—
	B	短い発話を聞いて内容に近いイラストを選ぶ	—	—
第2問		短い対話と問いを聞いてイラストを選ぶ	—	—
第3問		短い対話を聞いて問いに答える	—	—
第4問	A	モノローグを聞いて図表を完成させる	我が家の猫の脱走・ツアー料金	大学生の好きな間食に関する調査・英語キャンプ参加者のチーム分け
	B	複数の情報を聞いて条件に合うものを選ぶ	4つの寮の特徴	ボランティアスタッフの選考
第5問		講義の内容と図表の情報を使って問いに答える	技術革命に伴い消える職業・職業の分布予測	服と環境危機の関係についての講義・服が作られてから捨てられるまでに使われるエネルギー量比較
第6問	A	対話を聞いて要点を把握する	ゲームの賛否	修学旅行の行き先
	B	複数の意見を聞いて問いに答える	ゲームに関する講演後の質疑応答	炭水化物の積極的摂取の賛否

● 情報のアウトプットを意識した問題構成

英語の学習の目安としての，英語の4技能5領域という考え方があります。これは，「聞くこと・読むこと・話すこと（やり取り）・話すこと（発表）・書くこと」を指しますが，共通テストも，ほぼ同様の試験区分で，「読むこと・聞くこと」というインプットに基づく2技能のテストのように見えます。しかしながら，〈リーディング〉も〈リスニング〉も，「書くこと・話すこと」というアウトプットを念頭に置いて構成されていると考えられます。

〈リーディング〉

共通テストでは，たとえば何らかのテーマについて発表やディベートの準備を行ったり，課題やイベントのための下調べを行ったりするなど，ほぼ全ての問題が高校生や大学生の日常や学生生活に関連した内容という設定になっています。これは，この共通テストが，大学入学後に英語の文献をまとめたり，英語で発表を行ったりする，つまり「情報をアウトプットする」ための入口になってほしい，という出題者からのメッセージだと解釈することができます。その意味において，共通テストでは「情報のインプットからアウトプットまで」が問われると言えそうです。

〈リスニング〉

リーディングと同様に，高校生や大学生が講義を受けたり，自分の意見を発表したりするという場面設定が多く見られました。放送英文自体が，自分が英語で意見を発表するとしたらどう話すかを考えるきっかけになっていると言えます。発展学習として，自分ならどうアウトプットするかを考えてみるのもよいでしょう。

共通テスト	センター試験
インプットからアウトプットへ ▶語彙・文法・語法・構文の基礎知識があることを前提として，情報を正確に把握することが求められる。 ▶センター試験以上に，思考力を問う問題が多く，情報のアウトプットを意識した場面設定になっている。	ミクロからマクロまで ▶語彙・文法・語法・構文から文と文のつながり，段落の構成，段落同士のつながり，文章全体の趣旨まで幅広く問う。 ▶思考力を問う問題も見られた。

共通テスト英語の出題は，センター試験と完全に異なったテストということではなく，むしろ，センター試験をベースに，思考力・判断力をよりいっそう問う形に発展させた試験と言えそうです。その意味では，センター試験の過去の読解問題を解くことも共通テストの練習になると言えます。

● 思考力を問う問題

文部科学省によって発表されている現在の学習指導要領において，「学力の３要素」という表現が用いられています。これは，①「知識・技能」，②「思考力・判断力・表現力」，③「主体性・多様性・協働性」を指し，大学入試全体がこの３要素を軸に位置づけられています。

各大学の個別試験は，主に②・③の学力が身についているかを見るものです。センター試験では，主に①と②が問われてきましたが，共通テストでは，①はもとより，①を土台とする②が問われる比重が増えています。

では，②「思考力・判断力・表現力」とは具体的にはどのような力のことでしょうか。プレテストに際して大学入試センターから発表された資料や，プレテストおよび現行の入試問題を参考に分析すると，たとえば英語の場合，大きく以下の８つの要素に分類することができます。

【英語の思考力・判断力・表現力】

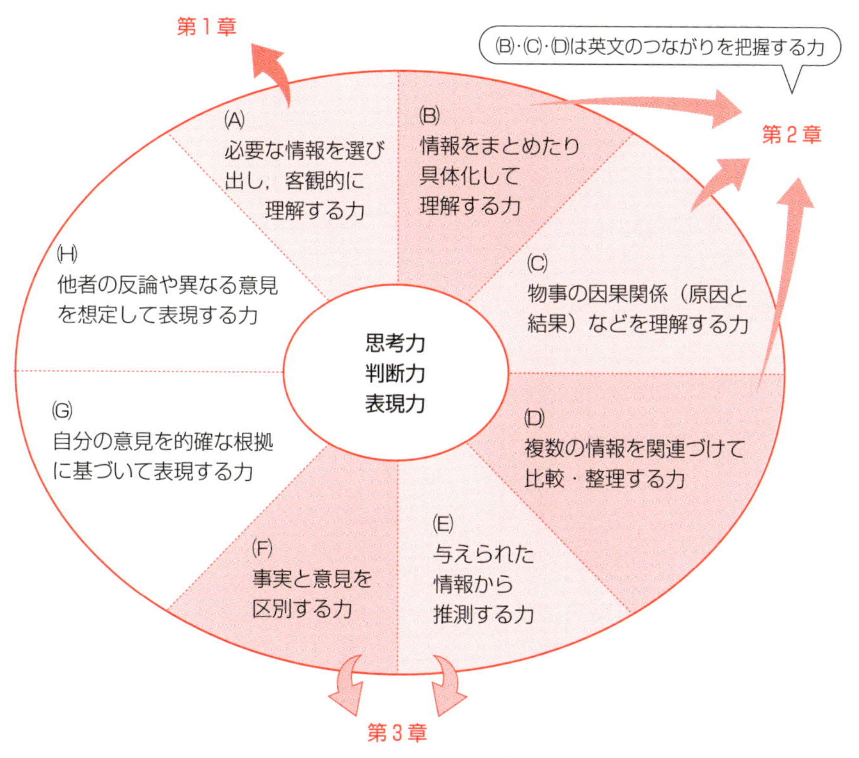

※(F)は設問としては〈リーディング〉で問われる。

このうち，共通テストで主に問われるのは(A)〜(F)の力です。記述式ではなく選択式（マークシート）の試験であるため，表現力が直接問われるわけではないのですが，アウトプット（スピーキング，ライティング）を念頭に置いた場面設定での出題がありますから，共通テストの勉強は，国公立大学の二次試験や難関私立大学入試のライティングの問題の勉強にもつながるはずです。

なお，繰り返しになりますが，共通テストは，知識の有無を単純に問う形式の出題が見られなくなるというだけで，知識を軽視しているわけではありません。当然ながら，知識がなければ思考も判断も表現もできません。その点をくれぐれも誤解しないようにしてください。

本書は，共通テストの特徴的な問題や，それらを元にしてセンター試験の過去問をアレンジした問題，および本書オリジナル問題を使って，上記の共通テストで求められる力をつけられるよう，構成されています。

演習問題
　第１章：情報を選び出す…(A)の力をつける
　第２章：つながりを理解する…(B)・(C)・(D)の力をつける
　第３章：推測する…(E)の力をつける
　第４章：総合問題…第１章〜第３章の力，(A)〜(E)の力を，総合的に試す
実戦問題
　2021 年度共通テスト本試験（第１日程）…試験形式で学力を試す

※実戦問題の解答解説編の末尾に，本書の監修者である山添玉基先生による「問われる力」の分析を一覧表の形で載せています。

共通テストの特色

共通テストでは，センター試験にはなかった出題形式の問題がいくつか出されています。ただし，形式が変わっただけで，問われている英語の能力や知識そのものが変わったわけではありません。むしろ，新しい形式の問題を通じて，これまで受験生が「なんとなく」やりすごしてきた事柄をよりはっきりと問うようになったと言うことができるでしょう。以下，共通テストおよびプレテストの内容をもとに，代表的な問題について具体的に見ていきます。

1．事実と意見を区別する問題

〈リーディング〉

2021 年度共通テスト本番では，プレテストと同様に「事実」と「意見」を区別する問題が出されました。2021 年度本試験（第 1 日程）では，第 2 問 A 問 3・問 4，第 2 問 B 問 2 および問 4 が「事実」や「意見」に関する設問でした。「事実」と「意見」を区別することは，英文の内容を正確に読み取るために必要であるだけでなく，ライティングで説得力のある英文を書くためにも必要です。その意味でも，インプットからアウトプットへという方向性を見て取ることができます。

例：2021 年度共通テスト〈リーディング〉本試験（第 1 日程）第 2 問 A 問 3

問 3 One **fact** from the judges' individual comments is that [8].

① all the judges praised Green Forest's song
② Green Forest need to practice more
③ Mountain Pear can sing very well
④ Silent Hill have a promising future

facts「事実」と personal opinions「個人的意見」の区別をつけさせる問題。本文の内容をもとに，どれが審査員の意見で，どれが審査員の発言に関する事実かの区別をつける問題です。

2．リスニング中の文法問題

文法・語法に関する問題が〈リスニング〉で問われることは，共通テストの大きな特徴の一つです。第 1 問 B は短めの英文を聞き，その内容が表している適切なイラストを選ぶ問題でしたが，文法的に正しく英文の内容を理解できていなければ解答できず，文法・語法・語彙の知識を音声と結びつけて学習することが求められています。第 1 回プレテストでは，このうち 1 問は正答率が 89.8％と高かったものの，残り 3 問は 9.9％～14.5％といずれも正答率が低く，受験生の弱点を浮き彫りにしました。

「聞こえてきた音をなんとなく頭の中でつなげる」のではなく，文法的に正しく解釈できるような訓練が必要です。

たとえば第１回プレテストの第１問Ｂ問６は，The man is going to have his house painted. という英文を聞いて，４つのイラストから内容に最も近い絵を選ぶ問題でした。この英文には，be going to *do*「～しようとしている」と have O *done*「O を～してもらう」という２つの重要な文法項目が含まれています。これらは高校１年生までに学習する内容で，使われている語彙も決して難しくはありませんが，正答率は 14.5％と低く，文法的に正しく聞くことの大切さが浮き彫りになりました。

このように，一つの英文に複数のポイントを含む出題は，センター試験〈筆記〉の文法問題によく見られた特徴です。センター試験〈筆記〉で問われていたことが，共通テストでは〈リスニング〉の中で問われているのです。文法・語法・語彙の知識をないがしろにせず正確に習得し，それを音声と結びつけて学習することがいっそう求められるでしょう。

例：第１回プレテスト〈リスニング〉第１問Ｂ問６

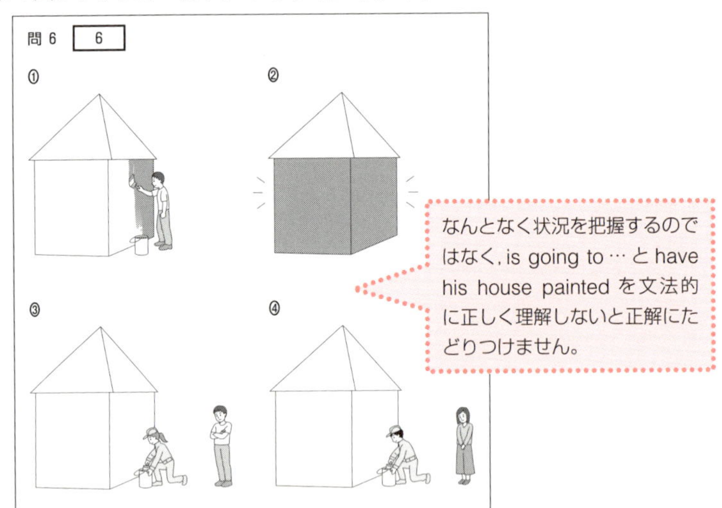

● 3．英語の多様性を意識した出題

〈リーディング〉

第１回プレテストでは，第２問Ａのレストランのレビューで，きわめてインフォーマルでくだけた表現を用いた英文が出題されました。また，2021 年度の共通テスト本番では，イギリス英語で書かれた英文も出題されました。これはセンター試験では見られなかったことで，「英語の多様性」を意識した出題だと考えることができます。

例：第１回プレテスト〈筆記（リーディング）〉第２問Ａ

Annie's Kitchen

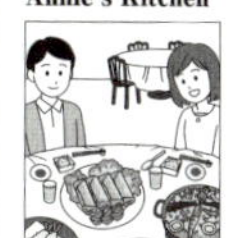

★★★☆☆ by Carrie (2 weeks ago)
Was in the mood for variety, and Annie's Kitchen did NOT disappoint. The menu is 13 wonderful pages long with food from around the world. Actually, I spent 25 minutes just reading the menu. Unfortunately, the service was very slow. The chef's meal-of-the-day was great, but prices are a little high for this casual style of restaurant.

この Was in the mood for variety, and Annie's Kitchen did NOT disappoint. では，① Was の主語がない，② disappoint を自動詞として用いている，という点において，センター試験では出題されてこなかったような非常にインフォーマルな表現が使われていると言えます。

英語の文章にはさまざまなスタイル〔文体〕があります。スタイルの分類にもさまざまな方法があり，一例を挙げると，大きく以下のように分類することができます。

①**説明文**：読者にある主題について説明するための文章。筆者の主観的な意見（主張）は含まれない。教科書，マニュアル，料理のレシピ，ニュース記事など。

②**描写文**：あることがらや出来事について，筆者の主観を交えながら詳細かつ印象的に説明した文章。紀行文，日記，随筆など。

③**論説文**：筆者が自らの主張を説明的に述べ，読者に自分の主張を示すための文章。論文，レポート，新聞の社説，広告，批評，クレームの手紙など。

④**物語文**：小説，物語などのように，登場人物が時系列で出来事を経験していく文章。

⑤**会話文**：２人以上の人物が，あるトピック（話題）をめぐって行うやりとり。

⑥**韻　文**：詩や俳句など，一定の書式に基づいて書かれた文。

センター試験でも既にこの①～⑤の英文が出題されてきましたが，共通テストではこうした分類に加え，さらに表記の仕方などでも，英語の多様な文章のあり方を反映した出題がなされていくと考えることができます。

〈リスニング〉

センター試験では，アメリカ英語の発音で英文が読み上げられていましたが，共通テストではアメリカ人以外が話す英語という設定の問題も出題されました。これは〈リーディング〉同様に，スタイルや英語の多様性が出題に反映されたものと考えられます。なお，共通テストの問題作成方針で，「多様な話者による現代の標準的な英語を使用する」と発表されています。

● 4．得点の比重

センター試験では，筆記 200 点満点・リスニング 50 点満点で，筆記：リスニング＝4：1 という比重でしたが，共通テストでは，リーディング 100 点満点・リスニング 100 点満点で，リーディング：リスニング＝1：1 となります※。場合によっては，共通テストではリスニング問題の比重がこれまでより高くなったと言えそうです。また，センター試験と比べてリスニング問題の難度がやや高くなっているため，これまで以上に音声面を重視した学習が求められていると言えるでしょう。

※ただし，均等配点への重み付け等は，各大学の判断による。

● 5．高校・大学生活に関連のある内容

共通テストの〈リーディング〉〈リスニング〉に共通する特徴として，次のような，高校や大学での学生生活に関連する場面設定の出題が多く見られました。

- 英語で発表するための準備をする
- 英語で講義を聞いたり，講義の感想をまとめたりする
- 学生生活に関連したテーマの英文や図表を読み取ったり聞いたりする

これは，前述のインプットからアウトプットへという方向性に関係しており，受験生にとってよりリアリティーのある場面設定や内容で出題することで，実際の場面を想像しながら，「どのような英語を学んでおくべきか」を考えてほしいというメッセージではないかと思われます。

◆ 共通テストに向けて

以上，主な変更点を見てきましたが，英語においては，基礎をおろそかにせず，**英文を正確に読める・聞ける**ようになることが大事です。本書で，共通テストおよびセンター試験の過去問に取り組むことが，最も実戦的かつ効果的な対策となるでしょう。

山添先生から，受験生の皆さんへ――応援メッセージ――

大学入学共通テストでは「全くの新しいこと」が問われるわけではありません。確かに形式的にはセンター試験から大きく変更されたように思える問題もありますが，「正しく読み・聞き，正しく考え，正しく解く」というごくあたりまえのことが求められていることに変わりはありません。そして，そのために必要な知識――単語・熟語・文法・構文――を着実に習得し，多様な英文を読み・聞くことで言葉の経験値を高めること，それこそが攻略のための王道であり，最短経路なのです。You can make it !!

第1章

FINDING INFORMATION YOU NEED

情報を選び出す

音声について

本章に収載している問題の音声は，下記の音声専用サイトで配信しております。

http://akahon.net/smart-start/ ⇨

アプローチ

本章では，「設問の指示に従って，本文から必要な情報を選び出し，選択肢の内容と照合する能力」を養います。これは基本的にすべての問題に共通して必要な能力で，ごくあたりまえのことではありますが，単語・熟語・文法・構文の正確な知識をもとに，放送された英文から，必要な情報を聞き取る能力はどの問題を解くうえでも肝要です。ここでしっかり練習をして，リスニング問題への取り組み方の基礎を学んでいきましょう。

問題を解く際の基本的な手順は以下の通りです。

① 設問文を先に見て「何が問われているか」を把握したうえで問題を聞く。
② 設問文がない場合，また選択肢がイラストや短い文の場合は，選択肢を概観して「どんな情報が必要になりそうか」を可能な限り予測しておく。

例題1

次の問いについて対話を聞き，答えとして最も適切なものを，四つの選択肢（①～④）のうちから一つ選びなさい。2回流します。

Which T-shirt is the woman looking for ?

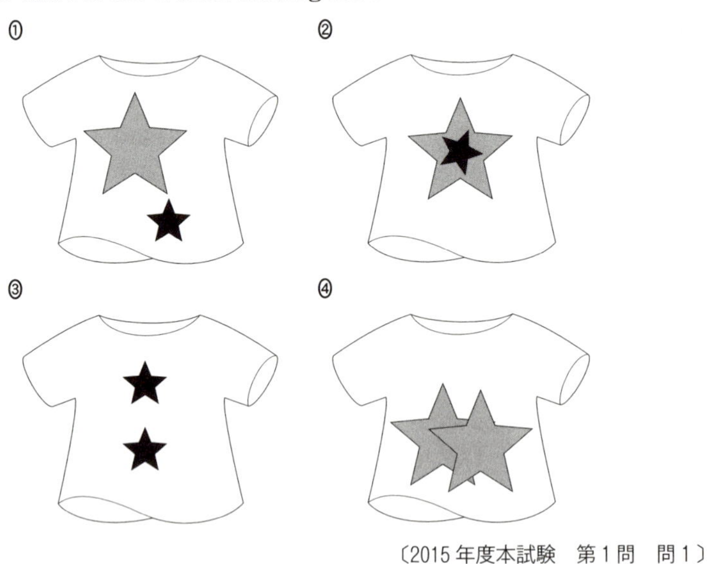

〔2015年度本試験　第1問　問1〕

ポイント

① **設問文を先に見て，何が問われているかを把握する。**
✔「女性が捜しているＴシャツ」が問われている。
② **イラストの違いを確認し，必要になりそうな情報を予測しておく。**
✔ 星の大きさ，色，位置関係に注意する。

▶この問題の場合，設問文では「**女性が捜しているのはどのＴシャツですか**」と問われていて，選択肢のイラストから，Ｔシャツに描かれている２つの星の大きさ，色，位置関係などについて読み上げられるはずだと考えることができます。実際に読み上げられた英文は以下の通りで，大きさと位置関係についての説明が述べられていました。

放送内容
W : Have you seen my T-shirt ?
M : The one with the stars on it ?
W : Yes, the little one is inside the big one.
M : It's over there.

訳
女性：私のＴシャツ見かけた？
男性：星のついたＴシャツ？
女性：ええ，小さな星が大きな星の中にあるの。
男性：それなら向こうにあるよ。

▶この問題では，上の英文の下線部の情報に基づき，**②が正解**とわかります。なお，男性の１番目の発言の The one は T-shirt を指していますが，女性が用いている the little one と the big one の one は star を指しています。

NOTE　**指示語が指す内容を把握しよう！**
文字であろうと音声であろうと，指示語を用いている場合は指示語が指す内容を正しく把握することが重要です。英語を聞き取るうえでは，こういった点にも気をつけましょう。

▶以上のように，聞こえる英文から必要な情報を選び出すためには，ポイントで示した通り，事前に設問文や選択肢に目を通しておくことがカギとなり，イラストや図表が多用される共通テストでは，一層効果を発揮するでしょう。

例題２

聞こえてくる英文の内容に最も近い絵を，四つの選択肢（①～④）のうちから一つ選びなさい。２回流します。

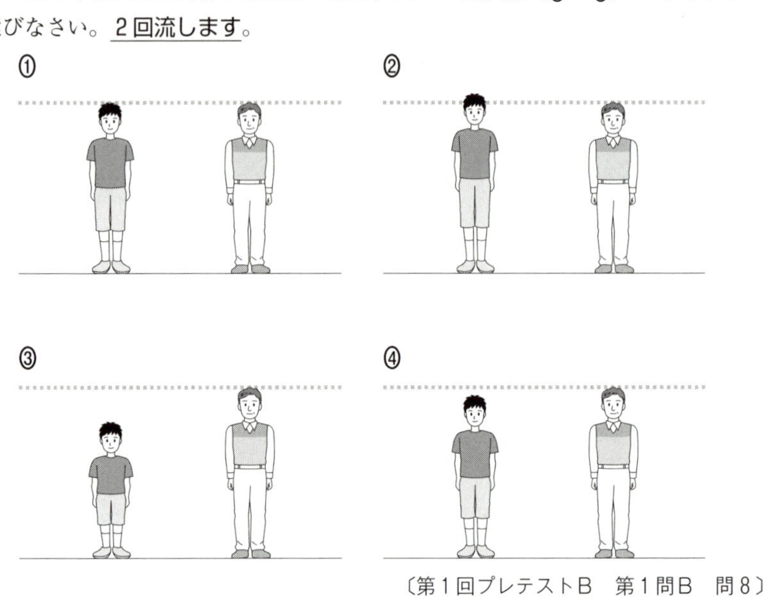

〔第１回プレテストＢ　第１問Ｂ　問８〕

ポイント

イラストを先に見て，違いを確認しておく。
- 登場人物：男の子と大人の男性
- 二人の背の高さ：同じ高さ／男の子の方が高い／男性の方が高い

▶男の子と大人の男性，二人の背の高さを比べる英文だと予測できます。

放送内容 The boy is almost as tall as his father.

訳　少年はもう少しで父と同じ背の高さだ。

▶基本的な**文法・語法・語彙の知識が備わっているか**，また**音声を聞くだけでそれを正しく理解できるかどうか**を問う問題です。

▶〈as＋形容詞＋as *A*〉で「*A* と同じくらい～」の意味ですが，as の前に almost「ほとんど，ほぼ～の一歩手前」という語が聞こえることから，イラスト中の二人の背の高さがほぼ同じで少年が少し低い④を選びます。almost は「一歩手前，もう少しで」という意味のため，②ではないことに気をつけてください。ここで用いられている表現は決して難しいものではありませんが，この問題の正答率は9.9％と非常に低く，almost が持つ「もう少しで」という意味を理解できていない受験生が多かったのではないかと考えられます。

例題 3

以下の問いについて英語を聞き，答えとして最も適切なものを，四つの選択肢（①～④）のうちから一つ選びなさい。2回流します。

According to the speaker, what can visitors do in Cuzco?

① Enjoy modern and historical attractions.
② Study the language of Machu Picchu.
③ Take a lunchtime tour of the churches.
④ Watch the sunrise in the highlands.

〔2014 年度本試験　第 4 問　問 20〕

ポイント

① **設問文を先に見て，何が問われているかを把握する。**
✔「訪問客はクスコで何ができるか」が問われている。
② **選択肢に目を通して，必要になりそうな情報を予測しておく。**
✔ キーワード：① modern and historical attractions／② language／③ lunchtime tour／④ sunrise

▶この問題では**「訪問客はクスコで何ができるか」**が問われています。また，選択肢が短い場合には選択肢にもあらかじめ目を通しておきましょう。本問の場合，すべてを読む時間はないと思いますが，キーワードだけでも確認しておくとよいでしょう。ここでは① modern and historical attractions「近代的な呼び物と歴史的な呼び物」，② language「言語」，③ lunchtime tour「昼食時のツアー」，④ sunrise「日の出」が該当します。ただし，放送にこれらのキーワードがそのまま登場するとは限らないので，言い換えに気をつけて聞く必要があります。

放送内容

If you're going to Machu Picchu in highland Peru, you should consider visiting Cuzco, at 3,400 meters above sea level. You will enjoy walking through the Plaza de Armas and visiting the Temple of the Sun. You can also look at Cuzco's interesting museums and beautiful houses as well as its magnificent churches. Remember, however, that these churches close for a few hours around noon. In addition, you can take advantage of modern hotels and restaurants, and at the same time, see Cuzco's fascinating history preserved in its architecture, language, and ancient treasures.

訳 ペルー高地のマチュピチュへ行くなら，海抜3,400メートルにあるクスコを訪れることを検討すべきだ。アルマス広場を歩き，太陽の神殿を訪れるのを楽しめるだろう。また，クスコにある壮麗な教会だけでなく，興味深い博物館や美しい家々を見ることもできる。しかし，こうした教会は正午前後には数時間閉まっているのを忘れてはならない。さらに，**近代的なホテルやレストランを利用することができるし**，同時に，建築や言語，古代の宝物に残されている**クスコの素晴らしい歴史を見ることもできる**。

▶上の英文の下線部 you can take advantage of modern hotels and restaurants, … see Cuzco's fascinating history「近代的なホテルやレストランを利用することができるし，…クスコの素晴らしい歴史を見ることもできる」という箇所を言い換えた，**① Enjoy modern and historical attractions.「近代的な呼び物も歴史的な呼び物も楽しむこと」が正解**となります。②は放送の最後で language と聞こえますが「マチュピチュの言語を学べる」とは述べていません。③「昼食時に教会のツアーをすること」，④「高地で日の出を見ること」も本文では述べられていません。

▶なお，本問の場合，当然ながら，**take advantage of ～「～を利用する」**，**at the same time「同時に」**，**fascinating「素晴らしい，魅力的な」**といった**語句の意味を正確に覚え，それを音声と結び付けて学習**していなくてはなりません。

NOTE 単語と音声を結び付けて学習しよう！

知っている単語でも音声になると聞き取りが難しいということがよくあります。辞書を使って発音を調べたうえで実際に自分の口で発音したり，英文の音声をまねて発音したりするなど，毎日の地道な努力と練習が欠かせません。

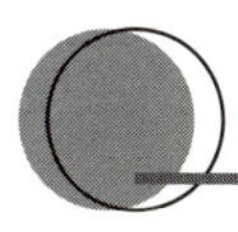

演習問題

1～7 それぞれの問いについて，聞こえてくる英文の内容に最も近い絵を，四つの選択肢（①～④）のうちから一つずつ選びなさい。2回流します。

1

①

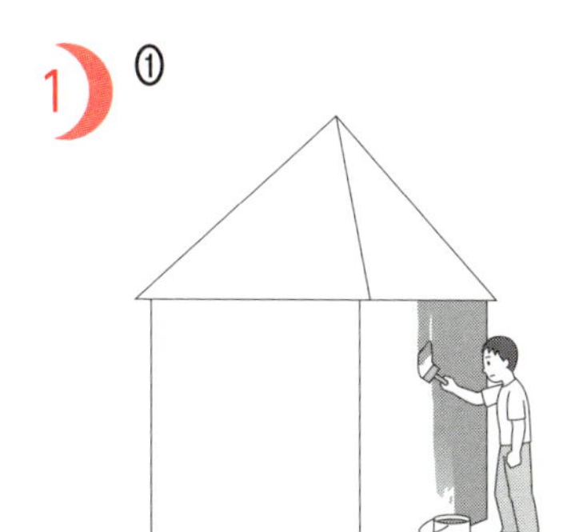

②

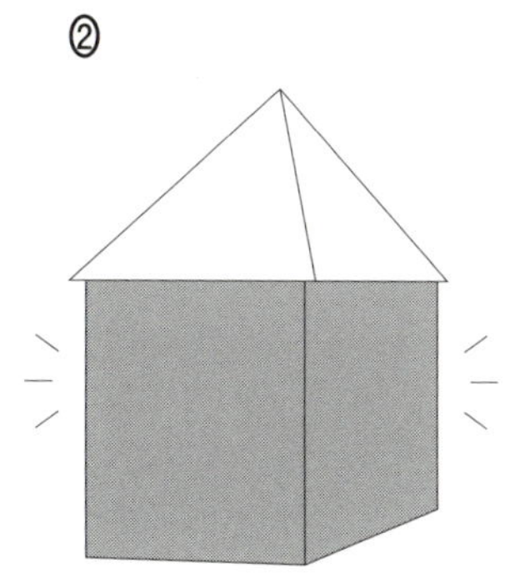

③

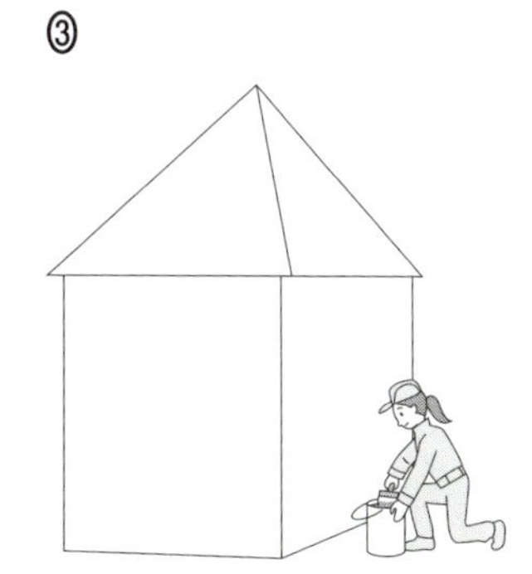

④

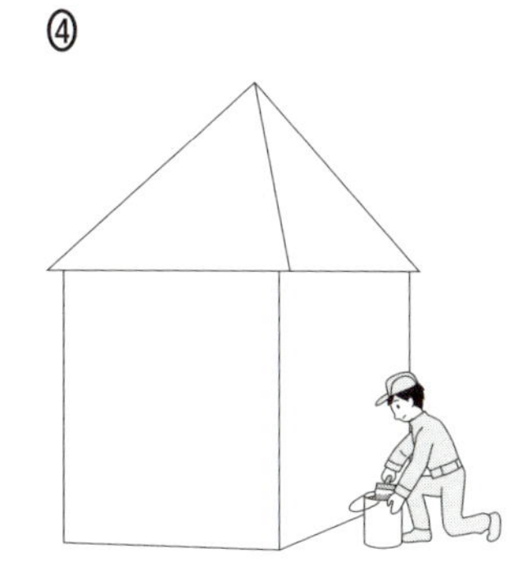

〔第1回プレテストB　第1問B　問6〕

①

②

④

〔第１回プレテストＢ　第１問Ｂ　問７〕

3

〔第１回プレテストB　第１問B　問９〕

①

②

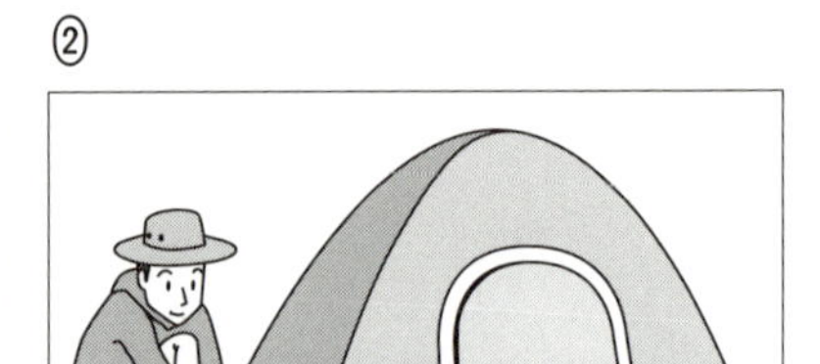

③

④

〔本書オリジナル〕

①

②

③

④

〔本書オリジナル〕

6

〔本書オリジナル〕

7

〔本書オリジナル〕

8 ～10 それぞれの問いについて対話を聞き，答えとして最も適切なものを，四つの選択肢（①～④）のうちから一つずつ選びなさい。2回流します。

8 Which picture are they looking at?

①

②

③

④

〔2018年度本試験 第1問 問1〕

9) Which is the woman's lunch ?

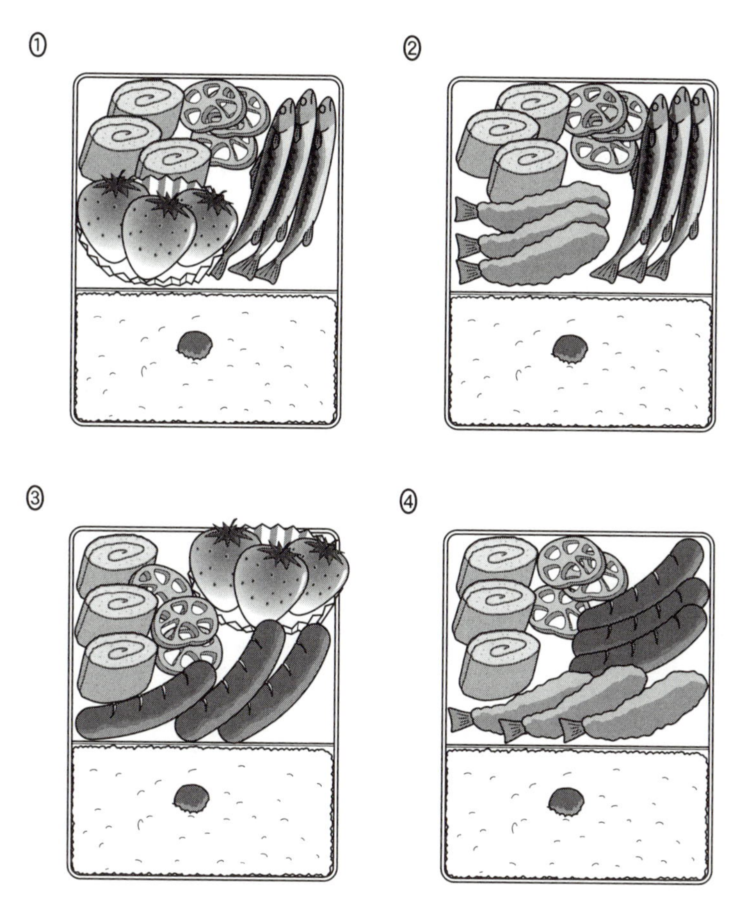

〔2017 年度本試験　第 1 問　問 6〕

10 **Which graph describes what they are talking about?**

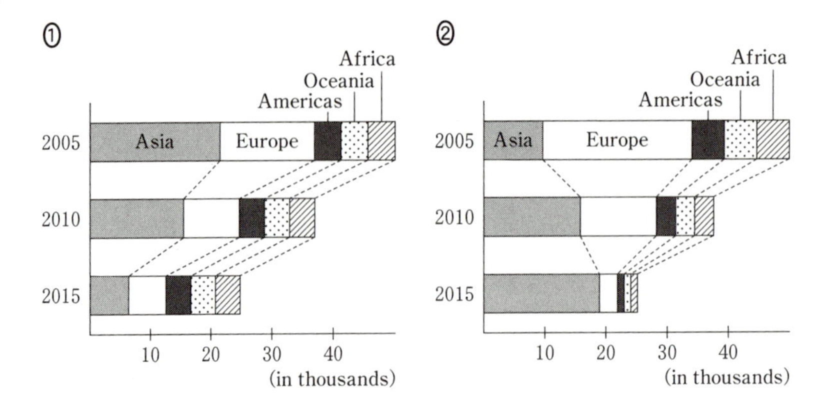

③

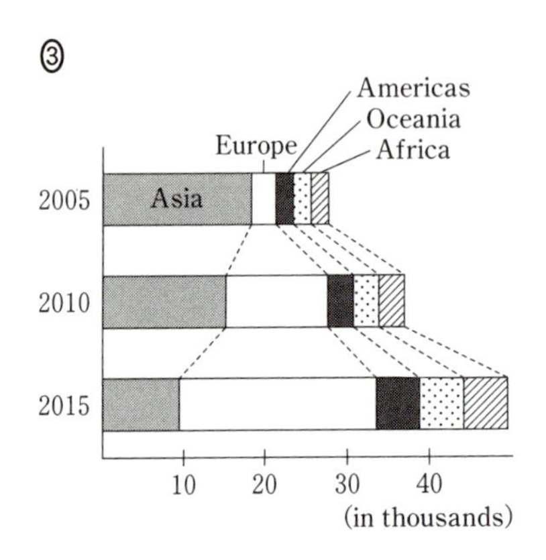

④

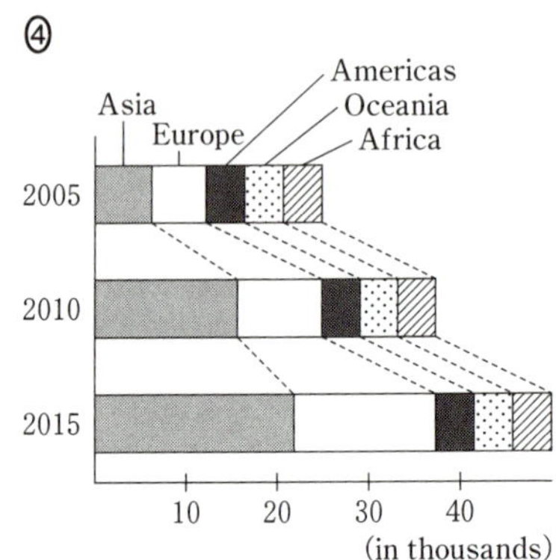

〔2018年度本試験　第1問　問6〕

11 ～ 14 それぞれの問いについて，対話の場面が日本語で書かれています。対話とそれについての問いを聞き，その答えとして最も適切なものを，四つの選択肢（①～④）のうちから一つずつ選びなさい。2回流します。

11 男子大学生がアルバイトの面接を受けています。

〔第1回プレテストB　第2問　問12〕

12　観光中の二人が，高いタワーを見て話をしています。

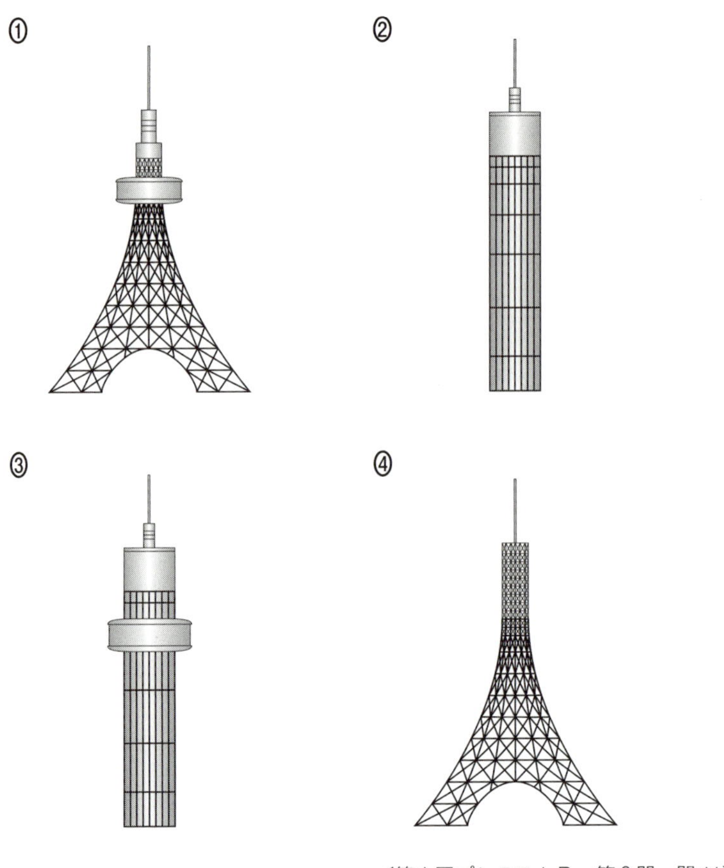

〔第1回プレテストB　第2問　問11〕

13 買い物客がショッピングモールの案内所で尋ねています。

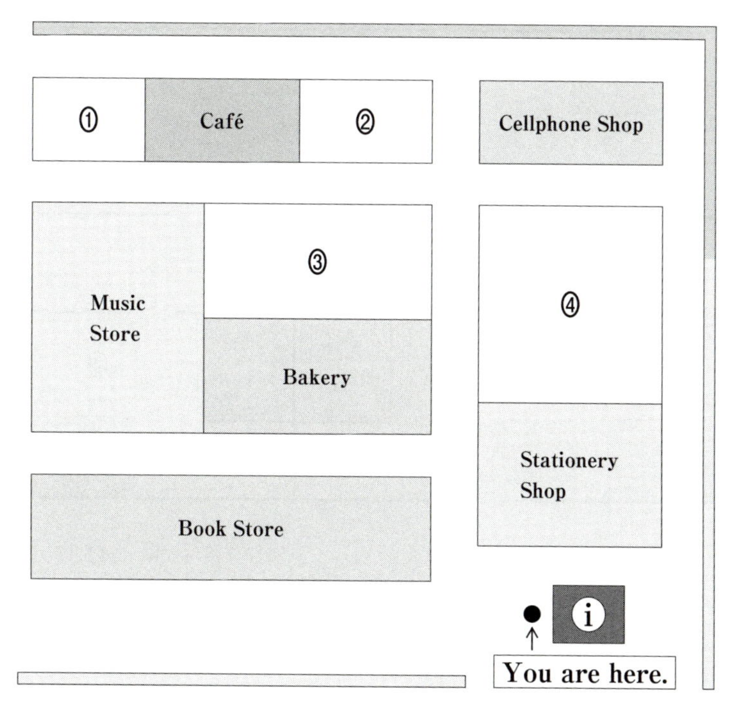

〔第1回プレテストB　第2問　問14〕

14　大学の学生課で女性が寮の部屋を選んでいます。

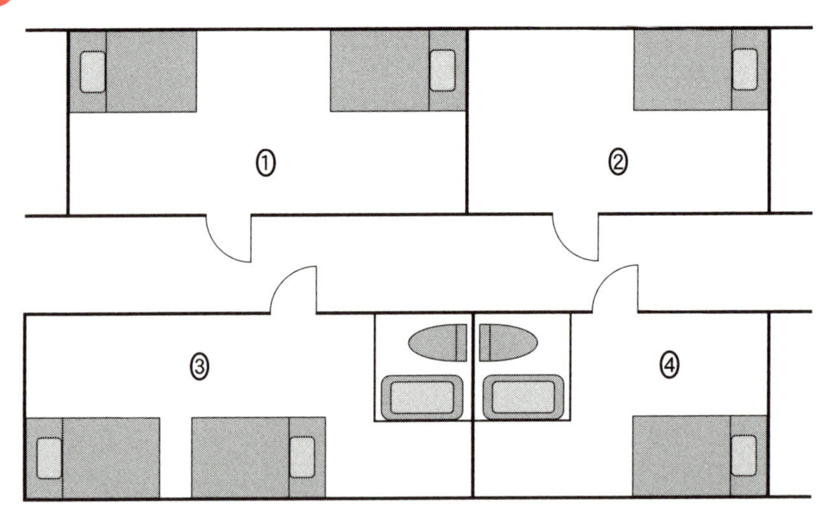

〔2017 年度本試験　第１問　問１　改〕

15〜18 それぞれの問いについて対話を聞き，答えとして最も適切なものを，四つの選択肢（①〜④）のうちから一つずつ選びなさい。2回流します。

15 **What does the woman say about her new job?**

① Employees are free on weekends.
② It takes too much time to get to work.
③ She gets along with her colleagues.
④ The boss is often away on business.

〔2018年度本試験　第1問　問3〕

16 **What will the man do today?**

① Go to Jim's house.
② Go to the doctor.
③ Go to the mountains.
④ Go to work.

〔2017年度本試験　第1問　問3〕

17 **What is the one thing the woman did NOT like about the movie?**

① The length
② The performances
③ The special effects
④ The story

〔2017年度本試験　第1問　問4〕

18 **How long can a person extend online?**

① One week
② Two weeks
③ Three weeks
④ Four weeks

〔2018年度本試験　第3問A　問15〕

19～22 それぞれの問いについて，対話の場面が日本語で書かれています。対話を聞き，問いの答えとして最も適切なものを，四つの選択肢（①～④）のうちから一つずつ選びなさい。1回流します。

19 ある親子が，今日の夕食について相談しています。

What will they do about dinner？

① They'll eat curry at a restaurant.
② They'll eat curry at home.
③ They'll eat fried rice at a restaurant.
④ They'll eat fried rice at home.

〔2018年度本試験　第3問A　問14　改〕

20 テレビで野球の試合（The Crabs 対 The Porters）を見ているお母さんに，息子が話しかけています。

What is happening in the game？

① The Crabs are behind.
② The Crabs are leading.
③ The game is being delayed.
④ The game is just beginning.

〔第1回プレテストB　第3問　問16〕

21 同僚同士が，受信するメールの数について話しています。

How many junk mail messages does the man usually get a day？

① About 30
② About 60
③ About 90
④ About 120

〔2017年度本試験　第1問　問5　改〕

22 友達同士が，これから出かけようとしています。

Which bus are the two friends going to catch ?

① 11:05
② 11:15
③ 11:20
④ 11:40

〔第１回プレテストＢ　第３問　問 15〕

23〜25 それぞれの問いについて対話を聞き，答えとして最も適切なものを，四つの選択肢（①〜④）のうちから一つずつ選びなさい。**1回流します**。

23 **How much of their own money will each person pay ?**

① 10 dollars
② 15 dollars
③ 30 dollars
④ 35 dollars

〔2018 年度本試験　第1問　問2〕

24 **What time did the woman think it was ?**

① 1:20
② 1:30
③ 1:40
④ 1:50

〔2018 年度本試験　第1問　問5〕

25 **How much did the boy spend on transportation ?**

① $5
② $10
③ $15
④ $25

〔2017 年度本試験　第1問　問2〕

長めの対話を一つ聞き，それぞれの問いの答えとして最も適切なものを，四つの選択肢（①～④）のうちから一つずつ選びなさい。2回流します。

対話の場面
夫婦が宅配ピザのちらし（flyer）を見ながら注文の相談をしています。

Antonio's Pizzeria

Meat Lovers	Sausage Deluxe	Spicy Chicken
Sausage, Bacon, Mushrooms, Tomatoes	Sausage, Peppers, Onions, Tomatoes	Chicken, Basil, Garlic, Tomatoes

Seafood	Grilled Vegetable	Seasonal Vegetable
Shrimp, Squid, Tuna, Tomatoes	Eggplant, Peppers, Zucchini, Tomatoes, 2	Asparagus, Peppers, Mushrooms, Tomatoes, Garlic

問1　Which pizzas are available at a discount?

① Sausage Deluxe and Meat Lovers
② Sausage Deluxe and Spicy Chicken
③ Seafood and Meat Lovers
④ Seafood and Spicy Chicken

問2　What should be in [2] in the flyer?

① Asparagus
② Garlic
③ Mushrooms
④ Onions

問3　Which pizzas are they going to order?

① Meat Lovers and Grilled Vegetable
② Meat Lovers and Seasonal Vegetable
③ Spicy Chicken and Grilled Vegetable
④ Spicy Chicken and Seasonal Vegetable

〔2016年度本試験　第3問B〕

長めの対話を一つ聞き，それぞれの問いの答えとして最も適切なものを，四つの選択肢（①～④）のうちから一つずつ選びなさい。2回流します。

対話の場面
夫婦が駅前で地図を見ながら今日と明日の観光の予定について話をしています。

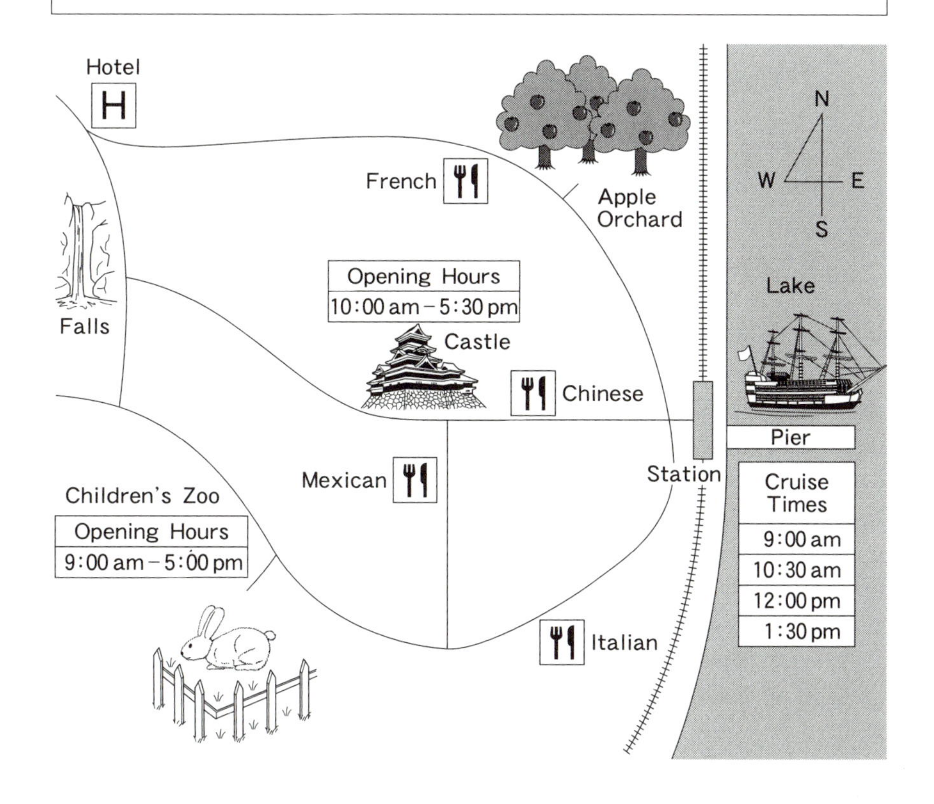

問1　Which cruise are they most likely going to take?

① 9:00 am
② 10:30 am
③ 12:00 pm
④ 1:30 pm

問2　Which restaurant are they going to go to for lunch?

① The Chinese restaurant
② The French restaurant
③ The Italian restaurant
④ The Mexican restaurant

問3　What places are they planning to go to tomorrow?

① The castle and the children's zoo
② The castle and the falls
③ The children's zoo and the orchard
④ The falls and the orchard

〔2018年度本試験　第3問B〕

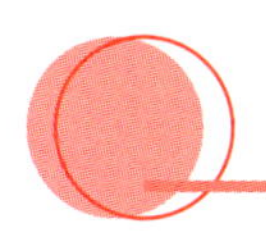

解答解説

1 正解は③

ポイント

イラストを先に見て，違いを確認しておく。
- 登場人物：男性のみ／男女１人ずつ
- 誰が何をしているか。
- 家の外壁：塗られている最中／既に塗られている／これから塗られる

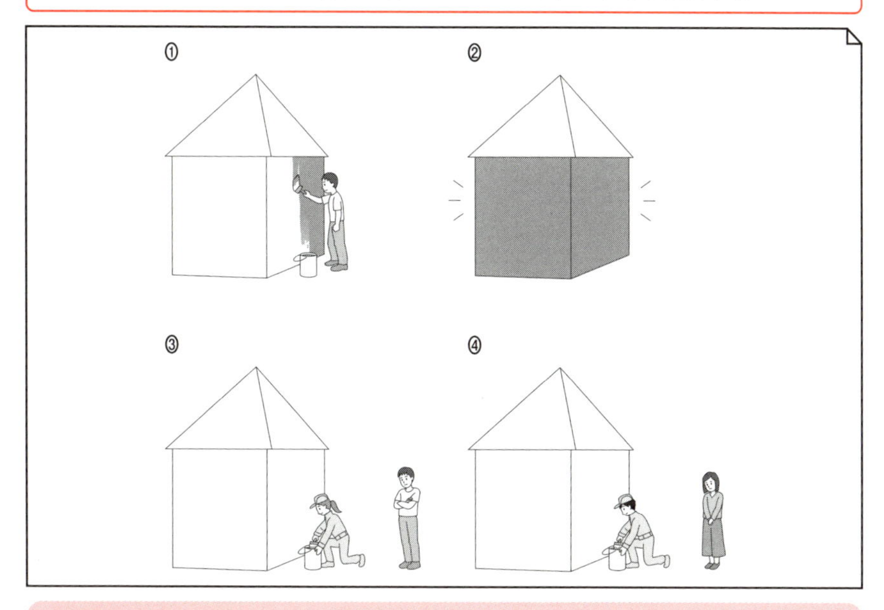

放送内容 《家の塗装》

W : The man is going to have his house painted.

訳 女性：男性は自分の家を塗装してもらうつもりだ。

is going to より「これからすること」であると判断し，③，④に絞る。have his house painted の have は使役動詞で，have *A done*「*A* を～してもらう」の意。よって「家を塗装してもらう」となる。主語である The man が「塗る」のではなく，The man が「塗ってもらう」という意味なので，The man ではない人物が家を塗装しようとしているイラストである③が正解。

2 正解は①

ポイント

イラストを先に見て，違いを確認しておく。
- 登場人物：女性１人／女性１人と運転手
- 状況：バスに乗り遅れた／既に乗っている／乗ろうとしている

放送内容《バスに乗り遅れた女性》

M：The woman has just missed the bus.

訳 男性：女性はちょうどバスに乗り遅れたところだ。

miss は「(乗り物）に乗り遅れる」の意味。さらに has just missed と現在完了形となっていることから，①が正解。

3 正解は④

イラストを先に見て，違いを確認しておく。

- ✔ 登場人物：女性１人
- ✔ 背景：晴れ／雪
- ✔ 服装：厚着／軽装
- ✔ 表情・しぐさ：暑そう／快適／寒そう

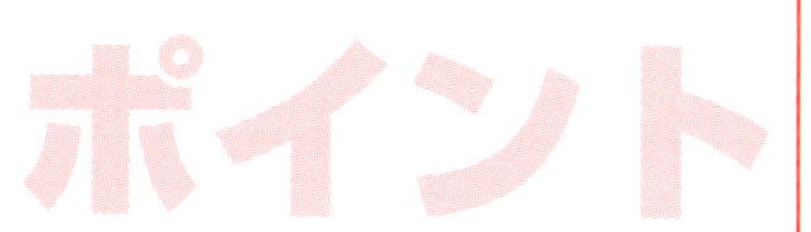

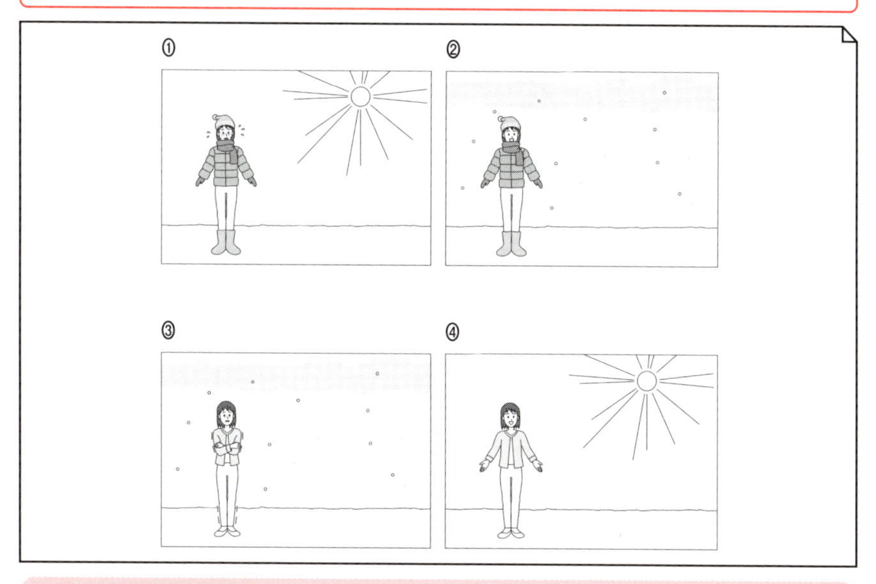

放送内容 《天候予測》

M ：Jane knew it wouldn't be cold today.

訳 男性：ジェーンは今日，寒くならないとわかっていた。

イラストの天気に注目する。後半の it wouldn't be cold「寒くならないだろう」より，晴れているイラストになっている①，④に絞られる。さらに文頭の Jane knew「～とジェーンはわかっていた」より，寒くならないとわかっていたと思われる服装，つまり薄着をしている④が正解となる。

4 正解は④

イラストを先に見て，違いを確認しておく。 ポイント
- ✔ 登場人物：男性1人
- ✔ ハイキングに関して男性がどこで何をしているか。

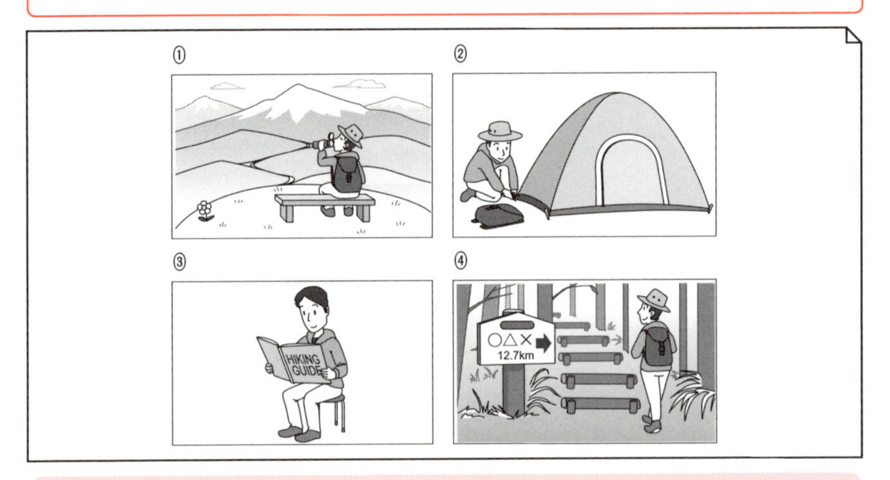

放送内容 《ハイキング》

W : The boy is about to set off on a hike.

訳 女性：男の子はハイキングに出かけるところだ。

◇ set off on a hike「ハイキングに行く」

be about to *do* は「まさに～しようとするところ」という近い未来を表す表現。set off「出発する」が続くことから，④が正解。

5 正解は③

イラストを先に見て，違いを確認しておく。
- 登場人物：男性と女性／女性のみ
- 状況：ヘアカット中／ヘアカット前／ヘアカット後
- ヘアカット中の場合は，誰がカットしている（されている）のか。

ポイント

放送内容 《美容院にて》

M：The girl has just had her hair cut.

訳 男性：女の子は髪を切ってもらったばかりだ。

has just had より現在完了で「ちょうど～したところ」と意味が取れることから，動作が完了している様子のものを選ぶ。さらに，had her hair cut は have *A done*「*A* を～してもらう」と使役用法となっていることから，女の子が髪を切ってもらったばかりの状況を指す③が正解。

6 正解は④

イラストを先に見て，違いを確認しておく。
- ✔ 建物：美術館／病院
- ✔ 位置関係：一方が遠くにある／横に並んでいる／一方が高いところにある
- ✔ 高さ：美術館が高い／病院が高い／同じくらい

ポイント

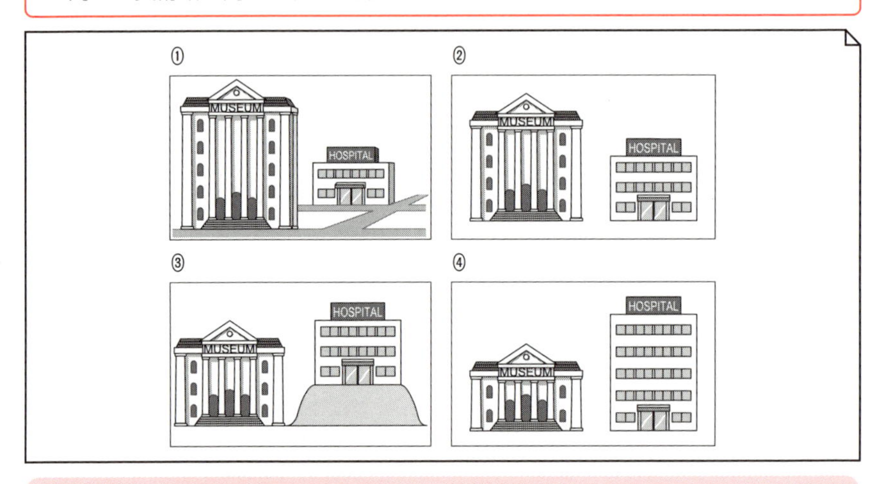

放送内容 《病院と美術館の比較》

W : The hospital is far taller than the museum is.

訳 女性：病院は美術館よりもはるかに背が高い。

イラストより，病院と美術館の距離，背の高さ，位置関係のどれを比較しているか，に注意して聞き取る。far taller than の部分の解釈がポイント。taller than ～ と tall が比較級となっているため，病院と美術館の建物の高さを比較しているとわかる。far はここでは「遠い」という意味ではなく，〈far＋比較級〉で比較級の強調「はるかに～な，ずっと～な」の意。よって，far だけを聞いて①を選んではいけない。病院の方が明らかに背が高くなっている④を選ぶ。なお，③は一見，病院の方が高く見えるが，高い位置にあるだけで建物自体は美術館の方がやや高い。

7 正解は④

イラストを先に見て，違いを確認しておく。
ポイント
- 登場人物：女性１人と男性数人（２人／３人／４人／６人）
- ピザ：枚数／カット数

放送内容 《客人へのもてなし》

W：The woman bought enough pizza for each guest to have just two slices.

訳 女性：女性は**客人各々がちょうど２切れずつ**食べられるようピザを購入した。

イラストより，着席している男性の人数と，提供されようとしているピザのカット数や枚数が違うことに注目しておくこと。後半部分 for each guest to have just two slices から「それぞれの客人」と「ちょうど２切れ」という部分が聞き取れれば，イラストより１人につき２切れずつピザが食べられるような設定になっているものを選べばよいとわかる。④は６切れのピザが２枚で計 12 切れのピザが６人の男性に提供されているため，ちょうど２切れずつとなる。

8 正解は②

ポイント

① 設問文を先に見て，何が問われているかを把握する。
② イラストの違いを確認し，必要になりそうな情報を予測しておく。
✔ 登場人物（男女１人ずつ／女性のみ）に注意する。
✔ 背景（木／高層ビル群）に注意する。

問 彼らが見ている写真はどれですか。

①

②

③

④

放送内容 《写真に写っているもの》

M : Look ! This picture is from last spring.
W : What a beautiful garden !
M : Amazing, isn't it ? And the skyscrapers in the distance.
W : Uh-huh. By the way, who's the woman beside you?

訳
男性：見て！ この写真はこの前の春のだよ。
女性：きれいな庭ね！
男性：素晴らしいだろ？ それに遠くの高層ビルもね。
女性：ええ。ところで，あなたの隣にいる女の人は誰なの？

◇ skyscraper「高層ビル，摩天楼」

高層ビル，男性，女性が写っている②が正解。

9 正解は④

① 設問文を先に見て，何が問われているかを把握する。
② イラストの違いを確認し，必要になりそうな情報を予測しておく。
✔ 共通点は，卵焼きとレンコン。
✔ 異なる点（魚・ソーセージ・イチゴ・エビフライ）を表す単語に注意する。

ポイント

問 女性の昼食はどれですか。

①

②

③
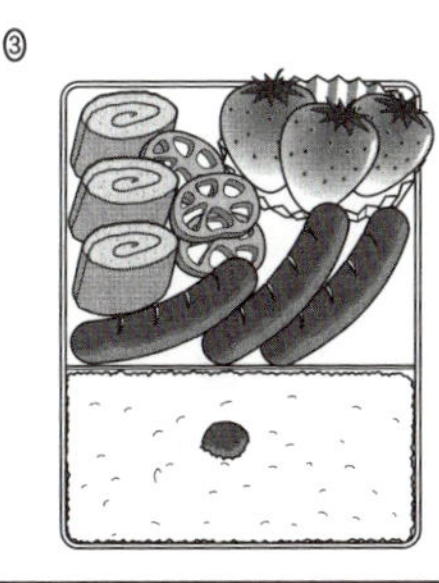

④
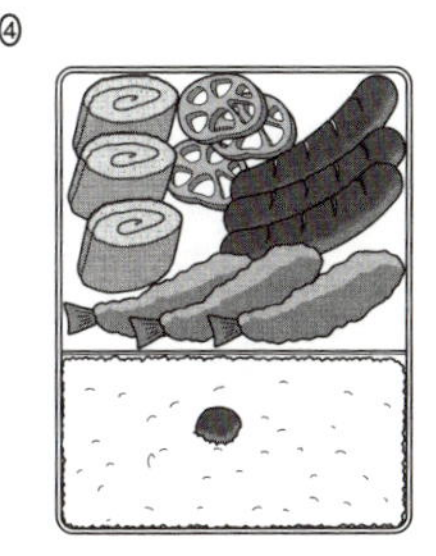

放送内容 《弁当のおかず》

M : Your lunch looks good.
W : Yeah, but yours looks better. It has strawberries.
M : Do you want one ? I'll trade a strawberry for one of your sausages.
W : That would be nice.

訳 男性：君のお昼ごはん，おいしそうだね。
女性：でしょ，でもあなたの方がよさそうよ。イチゴがあるのね。
男性：ほしい？　イチゴをひとつ君のソーセージと交換しようか。
女性：それはいいわね。

男性の２番目の発言 Do you want one ? の one は strawberry を指す。女性の弁当には，ソーセージがあってイチゴはない。④が正解。

10 正解は②

① 設問文を先に見て，何が問われているかを把握する。
② イラストの違いを確認し，必要になりそうな情報を予測しておく。

✔ グラフの縦軸が年号，横軸が何らかの数値。→何の数値かを聞き取る。
✔ アジア，ヨーロッパ，アメリカ，オセアニア，アフリカの５つが比較されている。→地域名や数値の増減を表す表現に注意する。

ポイント

問 彼らが話していることを表すグラフはどれですか。

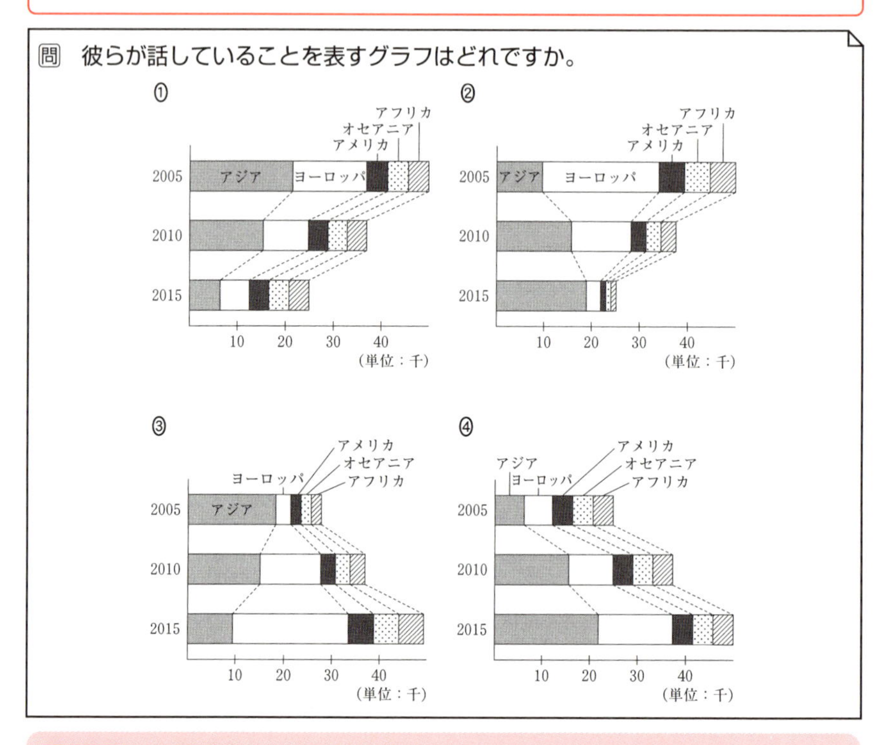

放送内容 《調査結果》

W : Our survey shows the number of foreigners visiting our museum has been decreasing.
M : Especially from Europe.
W : But the number from Asia is on the rise.
M : At least that's good news.

訳 女性：私たちの調査では，この博物館を訪れる外国人の数は減少していることがわかりますね。

男性：特にヨーロッパからがそうです。
女性：でも，アジアからの数は増加していますね。
男性：少なくともそれはよかったです。

「訪れる外国人の数は減少している」ので，①か②に絞られる。ヨーロッパが減少し，アジアが増加している②が正解。

11 正解は②

日本語の説明とイラストを先に見て，必要になりそうな情報を予測しておく。
- ✔ 場面はアルバイトの面接。
- ✔ イラストは様々な職種の服装。→職種を表す表現に注意する。

ポイント

放送内容 《アルバイトの面接》

W：Next, can you tell me about your work experience？
M：I've worked as a waiter in a café.
W：But you said you wanted to cook？
M：Yes, I'd like to try it.

Question：What job does the man want？

訳 女性：次に，あなたの職歴について教えてもらえますか？
男性：私はカフェでウェイターとして働いたことがあります。
女性：しかし，あなたは調理をしたいと言っていましたよね？
男性：はい，調理に挑戦してみたいと考えています。

質問：男性はどの仕事を希望していますか。

聞こえてくる職業関連の語から②cook，③waiter に絞る。質問は現在形で What job does the man want？と，これからしたいと考えている仕事を問うていることに注意。男性の2番目の発言の I'd like to try it. の it は直前の女性の発言にある to cook「調理」を指しているため，②が正解となる。③waiter については，男性の1番目の発言 I've worked as a waiter in a café. が現在完了となっており，彼の職歴（女性の1番目の発言：work experience）であるため，不適。

12 正解は①

ポイント

日本語の説明とイラストを先に見て，必要になりそうな情報を予測しておく。

✔ タワーの形状（土台の形・頂上付近の形）についての描写に注意する。

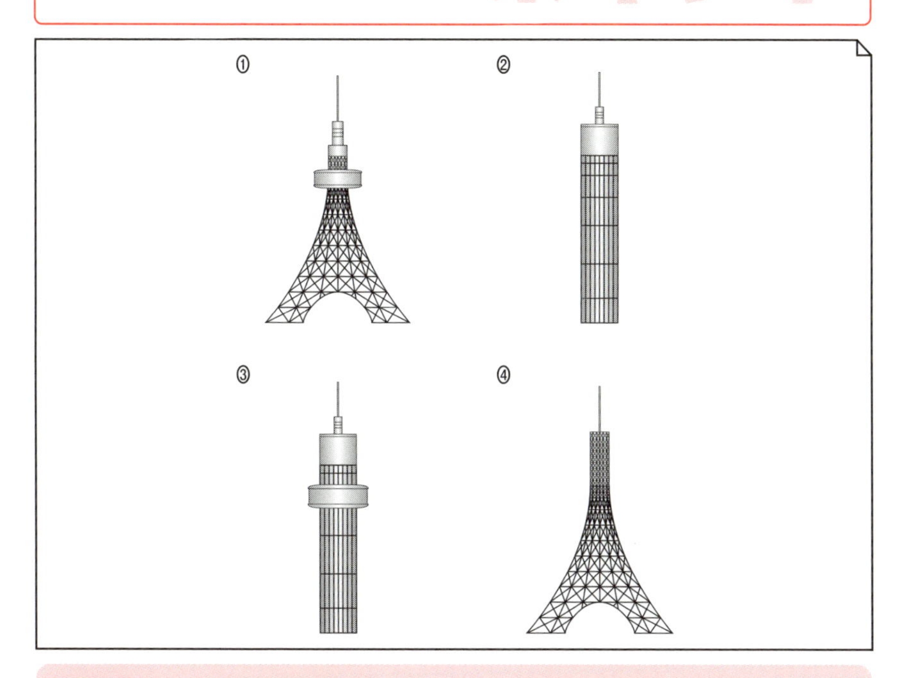

放送内容 《タワーの外観》

M : Look at that tower ! It has such a pointed top !

W : And I like the wide base.

M : What's the disk-shaped part near the top ?

W : It's probably a restaurant.

Question : What does the tower look like ?

訳

男性：あのタワーを見て！　先端がすっごく尖っているよ！

女性：それに，土台のところが広くなっているのがいいと思うわ。

男性：てっぺんの近くにある円盤状の部分は何かな？

女性：あれはたぶん，レストランよ。

質問：タワーの見た目はどのようなものか。

選択肢４つのイラストより，タワーの特に土台部分の形と頂上付近にある丸い部分の有無を中心に聞き取る。女性の１番目の発言 the wide base「幅広い土台部分」，男性の２番目の発言 the disk-shaped part near the top「頂上付近の円盤のような形の部分」より，①が正解。タワーの top「てっぺん，頂上」に対して base は「土台部分」を指す。disk-shaped の disk は「円盤」，shape は「形」なので「円盤状の」という意味である。

13　正解は②

日本語の説明とイラストを先に見て，必要になりそうな情報を予測しておく。
- ✔ 店舗の位置情報と，客の位置（案内所にいる）を確認。
- ✔「どこに行きたいか」「行先の位置」に関する情報に注意。

ポイント

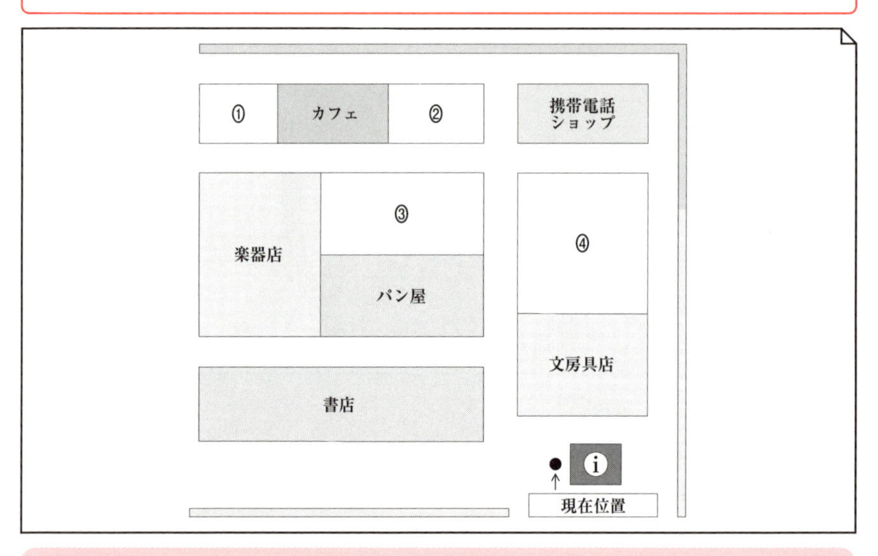

放送内容　《スマホケースの売り場》

M : I'm looking for a smartphone case.

W : Try the cellphone shop.

M : I did, but I couldn't find any.

W : You could try the shop across from the cellphone shop, next to the café.

Question : Where will the customer most likely go next ?

訳
男性：スマホケースを探しているのですが。
女性：携帯電話ショップに行ってみてください。
男性：行ってみたんですが，全く見当たらなかったんですよ。
女性：携帯電話ショップの向かい側の，カフェに隣接している店に行ってみてください。

質問：客が次に最も行きそうな場所はどこか。

◇across from ～「～の向かいの〔に〕」 ◇next to ～「～の隣の〔に〕」

イラストが店舗の配列を示す地図で，選択肢が店舗の場所なので，位置に関する情報を中心に聞き取る。女性の最後の発言 the shop across from the cellphone shop「携帯電話ショップの向かい側の店」より②，③，④のどれか。さらに続く next to the café「カフェの隣」より②を選ぶ。

14 正解は③

日本語の説明とイラストを先に見て，必要になりそうな情報を予測しておく。
- 女性が寮の部屋を選んでいる場面。
- ベッドの数（1つ／2つ）に注意する。
- 風呂・トイレの有無に注意する。

ポイント

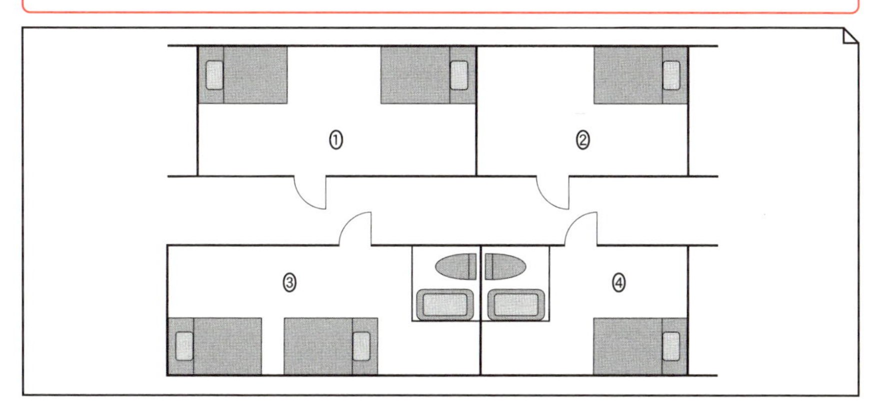

放送内容 《寮の部屋の選択》

M : Here's the dormitory floor plan.

W : I'd like a room with a bathroom.

M : Then, how about this one? It's for two students, though.

W : I don't mind that. I'll take it.

Question : Which room does the woman decide to take?

訳 男性：これが寮の間取り図です。

女性：お風呂とトイレのある部屋がいいです。

男性：それなら，これはどうですか？ 2人部屋ですが。

女性：それは大丈夫です。それにします。

質問：女性はどの部屋を選ぶことにしますか。

女性の2番目の発言 I don't mind that. の that は，直前の男性の発言 It's for two students を受けたもので「2人部屋でも気にしない」ということ。女性が選ぶのは，風呂・トイレがあり，ベッドが2つある③の部屋。

15 正解は③

ポイント

設問文を先に見て，何が問われているかを把握する。

✔ 女性の発言から仕事に関する事実や意見を聞き取る。

問 女性は自分の新しい仕事について何と言っていますか。

① 従業員は週末が休みである。
② 職場に行くのに時間がかかりすぎる。
③ 同僚とうまくいっている。
④ 上司が出張で出かけていることがよくある。

放送内容 《新しい職場での様子》

M : How's your new job?

W : Well, my boss is OK, and I don't spend much time commuting.

M : But I've heard you often work weekends.

W : Still, I enjoy being with my co-workers.

訳 男性：新しい仕事はどう？
女性：そうね，上司はいい人よ。それに通勤にあまり時間がかからないわ。
男性：でも週末に仕事をしていることがよくあるって聞いたよ。
女性：それでも，同僚の人たちと一緒にいるのは楽しいわ。

「（週末が仕事でも）同僚といるのが楽しい」とある。③が正解。会話中では「同僚」をco-workersと表現していたが，選択肢ではcolleaguesと言い換えられている点に注意。

16 正解は④

ポイント
① 設問文を先に見て，何が問われているかを把握する。
② 選択肢に目を通して，必要になりそうな情報を予測しておく。
✔ 男性が「どこに行くつもりか」を聞き取る。

問 男性は今日，何をしますか。
① ジムの家に行く。
② 医者のところへ行く。
③ 山に行く。
④ 仕事に行く。

放送内容 《今日の予定》
W：It's too hot to stay home. Let's go to the mountains.
M：Sounds great, but Jim's called in sick.
W：So?
M：I've got to go to the office and fill in for him.

訳 女性：家にいるには暑すぎるわね。山に行きましょうよ。
男性：いいね。でもジムが電話で病欠の連絡をしてきたんだ。
女性：それで？
男性：会社に行って，彼の代わりをしなくちゃいけないんだ。

◇call in sick「電話で病欠を伝える」
◇fill in for ～「～の代わりをする」
欠勤の同僚の代わりに会社に行くと言っている。④が正解。

17 正解は①

ポイント
① 設問文を先に見て，何が問われているかを把握する。
✔「気に入らなかった」点を聞き取ることに注意。
② 選択肢に目を通して，必要になりそうな情報を予測しておく。

問 その映画について，女性が気に入らなかったのは何ですか。
① 長さ ② 演技 ③ 特殊効果 ④ 話の筋

放送内容 《映画の感想》
M : That was a great movie !
W : Yeah, the special effects were cool.
M : I really liked the story and the acting.
W : Me, too. But the movie could've been a bit shorter.

訳
男性：面白い映画だったね！
女性：ええ，特殊効果がかっこよかったわ。
男性：話の筋と演技がすごくよかったよ。
女性：私もそう思うわ。でも，もう少し短くできたわよね。

女性の最後の発言に「もう少し短くできた」とある。①が正解。女性の最初の発言から the special effects と聞こえるが，cool と褒めているので③は不正解。

18 正解は①

ポイント
① 設問文を先に見て，何が問われているかを把握する。
✔「オンラインではどのくらい延長できるか？」と問われているが，何の延長についてなのかは書かれていないので，本文を聞いて理解する必要がある。
② 選択肢に目を通して，必要になりそうな情報を予測しておく。
✔ 期間を表す表現に注意する。

問 オンラインではどのくらいの期間延長ができますか。
① 1週間 ② 2週間 ③ 3週間 ④ 4週間

放送内容 《本の貸出期間の延長》
M : How many books can I borrow from the library ?
W : Up to four at a time.

M : For how long ?
W : Two weeks, but you can extend the period a week at a time if no one has requested the book.
M : Can I do it online ?
W : Sure, but only once for online extensions.

訳 男性：図書館から，何冊借りられますか？
女性：一度に４冊までです。
男性：期間はどのくらいですか？
女性：２週間ですが，どなたからも借りたいという要望がなければ，一度につき１週間，期間を延長できます。
男性：オンラインでもできますか？
女性：もちろんできますが，オンラインでの延長は１回限りです。

男性の最初の発言で，図書館での会話とわかる。男性の２番目の発言で質問の「延長」が本の貸出期間の延長についてだとわかる。延長は一度につき１週間で，オンラインの場合には延長回数は１回に制限されている。よって，①「１週間」が正解。たずねられているのは貸出期間（Two weeks）ではなく，延長期間であることに注意。

19 正解は②

ポイント
① 日本語の説明と設問文を先に見て，何が問われているかを把握する。
② 選択肢に目を通して，必要になりそうな情報を予測しておく。
✔「何を」「どこで」食べるのかという点に注意する。

問 彼らは夕食をどうするつもりですか。
① レストランでカレーを食べるつもりである。
② 家でカレーを食べるつもりである。
③ レストランでチャーハンを食べるつもりである。
④ 家でチャーハンを食べるつもりである。

放送内容 《夕食の相談》
W : What's for dinner tonight, Dad ?
M : Hmm, we have vegetables in the fridge for fried rice.
W : You're not going shopping ? Then let's eat out.
M : It's pouring outside. I'd rather stay home.
W : What about the restaurant around the corner ? I feel like curry.
M : OK, they deliver, and I won't need to cook.

訳 女性：今日の晩ごはんはどうする，お父さん？
男性：うーん，冷蔵庫にはチャーハン用に野菜があるよ。
女性：買い物には行かないのね？ それなら外食にしようよ。
男性：外はどしゃ降りだよ。家にいたいなあ。
女性：角を曲がったところのレストランはどう？ カレーが食べたい気分なの。
男性：いいね，配達してくれるから，料理しなくていいしね。

「カレーが食べたい」という娘に対して，外出したくない父親は「配達してくれる」と言っている。②が正解。

20 正解は②

日本語の説明と設問文を先に見て，何が問われているかを把握する。
- 野球の試合がどうなっているのかについて情報を得る。
- チーム名（The Crabs と The Porters）があらかじめ書かれているので確認しておく。

ポイント

問 試合では何が起こっているのですか。
① The Crabs が負けている。 ② The Crabs が勝っている。
③ 試合は開始が遅れている。 ④ 試合はちょうど始まったばかりだ。

放送内容 《野球の試合の様子》
M：Oh, you're watching the baseball game, Mom.
W：Yes. It's exciting.
M：I didn't know that it had already started. Are the Crabs ahead？
W：They are right now, yes, although they were losing in the beginning. They caught up with the Porters and they're leading now.
M：I hope they'll win.

訳 男性：あ，野球の試合を見てるんだね，お母さん。
女性：そうよ。面白いわよ。
男性：もう始まってるなんて知らなかった。The Crabs が勝ってる？
女性：そうね，今は勝ってるわ，初めのうちは負けてたんだけど。The Porters に追いついて，今は（The Crabs が）リードしてるわ。
男性：（The Crabs が）勝つといいな。

◇ahead「リードして，優勢に」 ◇lose「負ける」
◇catch up with ～「～に追いつく」

男性の2番目の発言 Are the Crabs ahead?「The Crabs が勝ってる？」に対し，女性が The Crabs の現在の様子を伝えている。They are right now, yes, は直前の男性の発言に対し，「勝っている」の意味であり，right now は「今は」と現状を表している。また，女性のこの発言の後半部分の they're leading now「今はリードしてるわ」もヒントとなる。②が正解。

21 正解は①

ポイント
- ① 日本語の説明と設問文を先に見て，何が問われているかを把握する。
- ② 選択肢に目を通して，必要になりそうな情報を予測しておく。
- ✔ 数の聞き取りに注意する。

問 男性には通常，1日に何通のジャンクメールが来ますか。
① 約30通　② 約60通　③ 約90通　④ 約120通

放送内容 《ジャンクメールの数》

W : How many emails do you usually get a day?
M : Around 90.
W : That many?
M : Yeah, but a third of them are junk mail.

訳
女性：普通は1日にどのくらいメールが来るの？
男性：90くらいだな。
女性：そんなにたくさん？
男性：うん，でもその3分の1はジャンクメールだけどね。

◇a third of ～「～の3分の1」

約90通の3分の1なので，約30通。①が正解。分数の聞き取りに注意したい。

NOTE 数字の聞き取り問題は計算に注意！

金額，時刻など「数字」の聞き取り問題の場合，何らかの計算が求められることも多いので，選択肢に数字が並んでいたら，計算をする必要性も意識しておこう。また，読み上げる英文の中で複数の数字を登場させて受験生をひっかけようとすることも多い。ひっかけや計算に対処するために，聞こえてくるそれぞれの数字の関連を正しく把握しよう。

22 正解は④

① 日本語の説明と設問文を先に見て，何が問われているかを把握する。
② 選択肢に目を通して，必要になりそうな情報を予測しておく。
✔ 時刻を表す表現に注意する。

ポイント

問 ２人の友達はどのバスに乗るつもりですか。

① 11 時 5 分　　② 11 時 15 分
③ 11 時 20 分　　④ 11 時 40 分

放送内容 《バスの時間》

M : What time do we have to leave?
W : Let me check the schedule ... . What time is it now?
M : It's 11:15.
W : The next bus is in five minutes, and then there's one at 11:40.
M : I don't think we can make it for the next one. Let's take the one after that.

訳
男性：何時に出発しないといけないかな？
女性：時刻表を確認させてね…。今何時？
男性：11 時 15 分だよ。
女性：次のバスは 5 分後に来て，それから 11 時 40 分に 1 本あるわ。
男性：次のバスには間に合わないと思うよ。その次のバスに乗ろう。

◇ in ～ minutes「～分後に」 ◇ make it「間に合う」

②「11 時 15 分」は現在の時間。女性の 2 番目の発言「次のバスは 5 分後（＝11 時 20 分）に来て，それから 11 時 40 分に 1 本ある」より③，④に絞る。さらに，男性の最後の発言「次のバスには間に合わないと思うよ。その次のバスに乗ろう」より④が正解。

NOTE メモを取ってひっかけの選択肢を見抜こう！

誤りの選択肢は，スクリプトから聞こえる語句で作られていることが多いので，聞こえた語を含む選択肢を単に選ぶのではなく，聞こえた選択肢の横にキーワードを書いておいて，問題に対応した答えを選んでいくとよい。特に選択肢が時刻や金額などの数字の場合には，情報を整理しながら聞くと混乱が少なくなる。

（例） ① 11：05　　② 11：15 →now
③ 11：20 →次　　④ 11：40 →その次

23 正解は③

① 設問文を先に見て，何が問われているかを把握する。
② 選択肢に目を通して，必要になりそうな情報を予測しておく。
✔ それぞれが支払う金額が「何ドルになるか」を聞き取らねばならない。

ポイント

問 彼ら自身のお金のうち，それぞれが払うのはいくらですか。
① 10 ドル ② 15 ドル ③ 30 ドル ④ 35 ドル

放送内容 《支払いの金額》
W：Our bill is 85 dollars.
M：I have a fifteen-dollar discount coupon.
W：Remember, Mom gave us ten dollars. Let's use that as well.
M：OK, and then we can split the rest.

訳 女性：お会計は 85 ドルね。
男性：15 ドル割引のクーポンがあるよ。
女性：そういえば，母さんが 10 ドルくれたわよね。あれも使いましょう。
男性：いいよ，それで残りを割り勘にしようか。

◇ split「～を分ける，～を分担し合う」
(85－15－10)÷2＝30 で，③が正解。

24 正解は②

① 設問文を先に見て，何が問われているかを把握する。
② 選択肢に目を通して，必要になりそうな情報を予測しておく。
✔ 時刻を表す表現に注意する。

ポイント

問 女性は，何時だと思っていましたか。
① 1 時 20 分 ② 1 時 30 分 ③ 1 時 40 分 ④ 1 時 50 分

放送内容 《時計の遅れ》
M：Let's go! The meeting will start soon.
W：We still have plenty of time. Doesn't the meeting start at 2?
M：Yeah, in ten minutes.
W：Oh, no! My watch is 20 minutes behind.

訳 男性：さあ，行こう！　会議がもうすぐ始まるよ。
女性：まだたっぷり時間があるわ。会議は2時から始まるんじゃない？
男性：そうだよ，10分後だね。
女性：あら，いけない！　私の時計，20分遅れているわ。

◇in ～ minutes「～分後に」 ◇～ minutes behind「～分遅れて」

会話が行われているのは2時に始まる会議の10分前なので，1時50分。時計は20分遅れているから1時30分を指している。②が正解。

25　正解は①

ポイント
① 設問文を先に見て，何が問われているかを把握する。
② 選択肢に目を通して，必要になりそうな情報を予測しておく。
✔ 金額を表す表現に注意する。

問　少年は運賃にいくら使いましたか。
① 5ドル　② 10ドル　③ 15ドル　④ 25ドル

放送内容《お金の使いみち》
W : What did you do with your $50, Bobby ?
M : Well, Mom, I bought shoes for 35 and spent 10 on Sally's present.
W : And the rest ?
M : I used it for bus fare.

訳 女性：50ドルはどうしたの，ボビー？
男性：えーっとね，母さん，35ドルで靴を買って，サリーのプレゼントに10ドル使ったよ。
女性：残りは？
男性：バス料金に使った。

50ドルから，靴に35ドル，贈り物に10ドル使った。50－35－10＝5で，①が正解。

26

① 対話の場面と設問文を先に見て，何が問われているかを把握する。
✔「割引で買えるピザ」「ちらしの空所に入るもの」「注文するピザ」が問われている。
② イラストにメモを取って情報を整理する。
✔ ピザの名前と具材はメニューに書かれているので，メニューにメモを書いたり印をつけたりしながら対話を聞き，情報を整理しよう。

ポイント

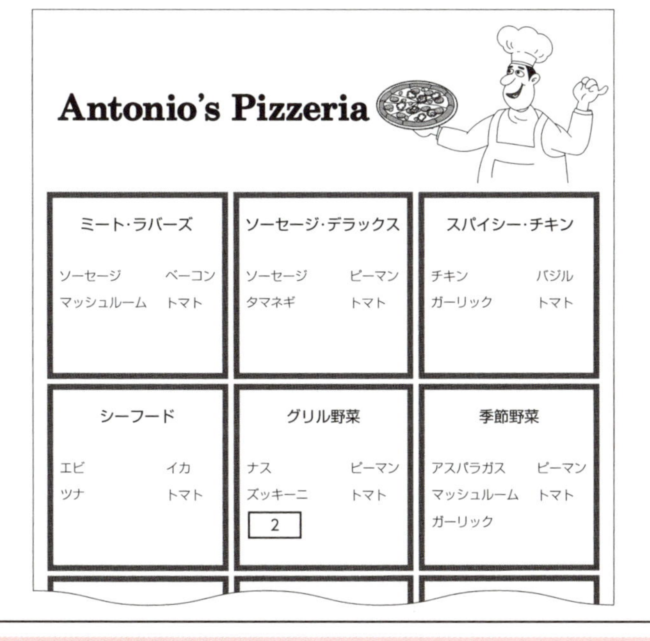

放送内容　《ピザの注文》

M : I feel like having pizza tonight.
W : Here's a flyer from the new shop.
M : I'd like one with sausage.
W : How about the Sausage Deluxe ?
M : Let me see. But it has onions.

W : Oh, you know I can't stand them.
M : It says on the other side that these two are on sale. The Seafood looks delicious.
W : I'm not in the mood for seafood. I'd prefer the other one, Spicy Chicken.
M : Hmm ... but this one looks even better. Oh, it's regular price.
W : Meat Lovers? OK. The kids will be happy with that. But for the second pizza, I'd like one with lots of vegetables like asparagus or eggplant.
M : They have Grilled Vegetable and Seasonal Vegetable. They're kind of similar, but the Seasonal has asparagus, mushrooms and garlic. The Grilled has eggplant, zucchini and ... onions.
W : Oh no.
M : So, if you don't mind garlic, shall we go with Seasonal Vegetable?
W : Sure. Should I call?

訳
男性：今夜はピザが食べたいな。
女性：新しい店のちらしがあるわよ。
男性：ソーセージがのっているのがいいな。
女性：ソーセージ・デラックスはどう？
男性：どれどれ。でもタマネギが入っているね。
女性：あら，私がタマネギ嫌いって知っていたのね。
男性：裏にこの2つがお得だって書いてあるよ。シーフードがおいしそうだな。
女性：シーフードの気分じゃないのよね。もう一つのスパイシー・チキンのほうがいいわ。
男性：うーん…，でもこれのほうがもっとよさそうだよ。ああ，でも通常価格か。
女性：ミート・ラバーズのこと？　いいわ。子どもたちは喜ぶわ。でも2枚目はアスパラガスとかナスとか，たくさん野菜がのっているのにしたいわね。
男性：グリル野菜と季節野菜があるよ。ちょっと似ているけれど，季節野菜にはアスパラガスとマッシュルームとガーリックが入っている。グリル野菜のほうはナスとズッキーニと…タマネギだ。
女性：あらまあ。
男性：じゃあ，ガーリックが嫌じゃなければ，季節野菜にしようか？
女性：いいわ。私が電話しましょうか？

◇ on sale「セール中の，お買い得の」

問1　正解は④

問　割引で買えるピザはどれですか。
① ソーセージ・デラックスとミート・ラバーズ
② ソーセージ・デラックスとスパイシー・チキン
③ シーフードとミート・ラバーズ
④ シーフードとスパイシー・チキン

男性の4番目の発言に these two are on sale「この2つがお得」とあり，直後で The Seafood に言及しており，続く女性の4番目の発言には the other one, Spicy Chicken「もう一つのスパイシー・チキン」とある。④が正解。

問2　正解は④

問　ちらしの 2 には何が入るはずですか。
① アスパラガス　② ガーリック
③ マッシュルーム　④ タマネギ

男性の6番目の発言最終文に，グリル野菜にのっている野菜として eggplant, zucchini and … onions とある。④「タマネギ」が正解。

問3　正解は②

問　彼らはどのピザを注文しようとしていますか。
① ミート・ラバーズとグリル野菜
② ミート・ラバーズと季節野菜
③ スパイシー・チキンとグリル野菜
④ スパイシー・チキンと季節野菜

女性の5番目の発言に The kids will be happy with that.「それ（＝ミート・ラバーズ）は子どもたちが喜ぶ」とある。男性の最後の発言の shall we go with Seasonal Vegetable?「季節野菜にしようか？」という提案に，女性も Sure.「いいわ」と答えている。②「ミート・ラバーズと季節野菜」が正解。

27

ポイント

① **対話の場面と設問文を先に見て，何が問われているかを把握する。**

✔「クルーズの時間」「昼食を食べる場所」「明日行く場所」について問われている。

② **イラストにメモを取って情報を整理する。**

✔ 行程について話し合う場合，通常は「順番」が重要となる。まず何をして，その後にどうするのか，といったことが通例は時系列で説明されるはずなので，地図にメモを書いたり印をつけたりしながら対話を聞き，情報を整理しよう。

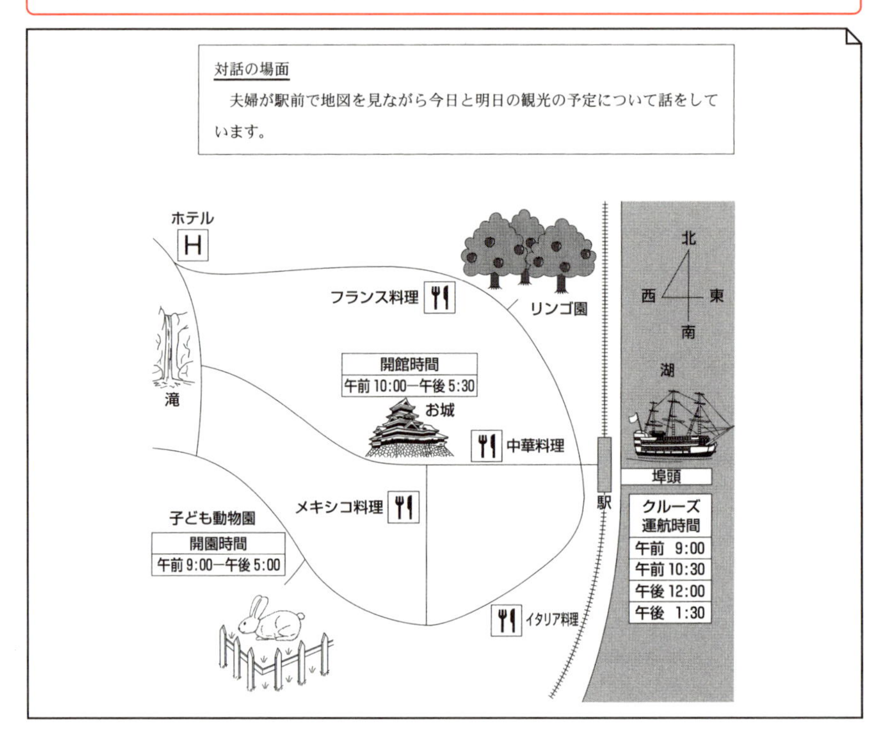

放送内容　《観光のスケジュール》

M：OK, how about a cruise first?
W：Sounds great! It lasts an hour, so we could have lunch after that.
M：This restaurant looks good. It's probably 30 minutes or so from the pier. If we leave right after the cruise, we can get there around noon.
W：Perfect! There's a castle just north of it. What do you think?
M：Yeah ..., I was hoping we could take the kids here to feed the rabbits before heading to the hotel.
W：OK, let's visit the castle tomorrow, then.
M：All right. Oh, there's apple picking. Hmm, it's a shame it's too early in the year.
W：Don't forget, we need to be at the hotel by 5:30 for dinner.
M：Right. Look! How about stopping here? It's on the way from the zoo to the hotel. We could take our annual family photo there.
W：Maybe that's too much for one day.
M：I suppose .... Let's do that tomorrow afternoon.

訳　男性：よし，最初にクルーズはどうかな？
女性：いいわね！　1時間だから，そのあとにお昼ごはんを食べられるわ。
男性：このレストランがよさそうだね。たぶん埠頭から30分くらいだ。クルーズのすぐあとに出かければ，正午ごろには着けるよ。
女性：完璧！　レストランのすぐ北にお城があるわ。どう思う？
男性：そうだなあ…，ホテルに向かう前に，ウサギにエサをやりに，子どもたちをここに連れて行けるといいなと思っていたんだけれど。
女性：いいわよ，じゃあ，お城は明日行きましょう。
男性：そうしよう。おや，リンゴ狩りがあるな。うーん，残念だけどちょっと季節が早すぎるね。
女性：忘れちゃだめよ，夕食があるから5時半にはホテルにいないと。
男性：そうだね。ちょっと見て！　ここに立ち寄るのはどうかな？　動物園からホテルへ行く途中にあるよ。そこで毎年恒例の家族写真が撮れるね。
女性：1日でやるには多すぎないかしら。
男性：そうだなあ…。それは明日の午後にしよう。

◇last「続く」　◇pier「埠頭」
◇on the way from *A* to *B*「*A*から*B*に行く途中に」

問1 正解は②

> 問 彼らが乗る可能性が最も高いクルーズはどれですか。
>
> ① 午前9時　② 午前10時30分
>
> ③ 午後12時　④ 午後1時30分

女性の最初の発言第2文に「クルーズは1時間でそのあとに昼食」とあり，男性の2番目の発言第2・3文に「レストランまでは30分ほど。クルーズの直後に出かければ正午ごろに到着」とある。11時半ごろに終わる1時間のクルーズということになる。②が正解。lasts an hour「1時間続く」や around noon「正午ごろ」といった表現を音声で聞いても理解できるようにしよう。

問2 正解は④

> 問 彼らが昼食を食べるのに行こうとしているのはどのレストランですか。
>
> ① 中華料理のレストラン　② フランス料理のレストラン
>
> ③ イタリア料理のレストラン　④ メキシコ料理のレストラン

女性の2番目の発言第2文に There's a castle just north of it.「それ（＝レストラン）のすぐ北にお城がある」とある。地図から，お城が北になるのはメキシコ料理のレストラン。④が正解。

問3 正解は②

> 問 彼らは明日どの場所に行く予定を立てていますか。
>
> ① お城と子ども動物園　② お城と滝
>
> ③ 子ども動物園と果樹園　④ 滝と果樹園

女性の3番目の発言に「お城に行くのは明日に」とある。男性の5番目の発言第3・4文に「動物園からホテルに行く途中にある場所に立ち寄ろう」とあり，地図から，それが滝だとわかる。男性の最後の発言から滝に行くのは明日だとわかるので，②が正解。

UNDERSTANDING THE WAY INFORMATION IS LINKED

つながりを理解する

音声について

本章に収載している問題の音声は，下記の音声専用サイトで配信しております。

http://akahon.net/smart-start/ ⇨

アプローチ

英語の文章は，普通，複数のセンテンス（ピリオドまでの1文）から成り立っています。しかし，全く関係のないセンテンスがただ並べられているわけではなく，複数のセンテンスが並んだ瞬間に，それらの間に何らかの「つながり」が生まれます。また，1つのセンテンスの内部でも，何らかの「つながり」が含まれていることがあります。こうした「つながり」を読み解くことが英文を理解するための「肝」になると言っても過言ではないでしょう。さらに，「つながり」を意識しながら英文を読んだり聞いたりすることは，「つながり」を意識しながら英文を書いたり話したりすることへとつながります。

リスニングの場合，**「会話におけるつながり」「モノローグの中でのつながり」「複数の情報のつながり」**などに注意する必要があります。本章ではその「つながり」を意識して英文を聞く練習をしていきます。

まずは，どのような「つながり」があるのかを見ていきましょう。

1．同一表現の繰り返しを避けるための言い換え

英語では**「同一表現の単純な繰り返しを避け，一つのことを様々な表現で言い換える」**という傾向があります。これは文章において特に顕著な傾向ですが，話し言葉においてもその傾向はある程度見られます。代名詞，同意語，関連語などを用いて言い換えることにより，**同一表現の単純な繰り返しを避けながら文と文のつながりを維持**しています。また，第1章の例題3でも述べたように，放送英文と選択肢が言い換えられていることもよくありますので，「言い換え」を意識することは本文を聞いて理解するうえでも，設問を解くうえでも重要になります。

例文1

Excuse me. We ordered our food 20 minutes ago, and it hasn't come yet.

「すみません。料理を20分前に注文したのですが，まだ来ていません」

〔2015年度本試験　第2問　問7より抜粋〕

▶our food を代名詞 it で言い換えています。ちなみに，この and は「料理を20分前に注文した」という内容と「それがまだ来ていない」という内容を結んでいるため，「逆接」ととらえることが可能です。

例文2

W : Have you seen the new school flag?「新しい校旗を見た？」
M : **The one** with the name around the logo?「ロゴの周りに校名が入っているやつ？」
W : Yes, but the name is under **it** instead of above **it**.
「そうよ。でも，名前はロゴの上ではなくて下よ」
M : Yeah, it's great!「そうだ，かっこいいよね！」

〔2016年度本試験　第1問　問1〕

▶The one の one は flag を指しています。また，女性の2回目の発言の it はともに the logo を指しています。

例文3

W : You don't like this kind of music, do you?「この種の音楽は好みじゃないのね？」
M : **Not really**. How did you know?「あまりね。どうしてわかったの？」

〔2016年度本試験　第2問　問10より抜粋〕

▶男性の Not really. という発言は，女性の You don't like this kind of music, do you? に対する応答なので，I do **not really** like this kind of music. の not really 以外が省略されたものと考えることができます。

▶何が省略されているかは，前の文と照らし合わせて初めてわかることなので，**省略も一種の「つながりを生み出す表現」**と言えます。また，会話の場合，こうした省略が頻繁になされるため，**会話文を聞く際には省略にも注意を払い，必要に応じて文法的に正しく補って考える**ことになります。

2.「順接」「逆接」「説明」といった論理的なつながり

英文の論理的なつながりには，大まかに分けて以下の3種類のものがあります。

① 順接（A→B）：AだからB／AならばB

順接とは，「Aという前提からBという内容が当然予測される時のAとBの関係」のことで，順接の中には**「因果関係」「条件と帰結」「目的と手段」**といった関係が含まれます。

例文 4 ❶Americans have traditionally wanted to live apart from their parents, as personal independence is often thought to be very important. ❷Therefore, in most cases, the elderly live in their own homes, while their grown children move away and live elsewhere.
「❶アメリカ人は伝統的に，親とは離れて暮らしたがってきたが，それは個人的な自立が非常に重要であると考えられることが多いからである。❷したがって，たいていの場合，高齢者は自分の家で暮らし，一方，大人になった子は家を出て，他のところで暮らす」
〔2014年度本試験 第4問Bより抜粋〕

▶❶文目の as は前半の内容B（アメリカ人は伝統的に親と離れて暮らしたがってきた）の**理由A**（個人的な自立が非常に重要だと考えられることが多い）を説明する働きをしています。❷文目の冒頭の Therefore は❶文目の内容を**原因A′**とし，❷文目がその**結果B′**であるということを示しています。

<table>
<tr><td rowspan="3">❶文目
原因・理由A′</td><td>前半
結果B</td><td>アメリカ人は伝統的に親と離れて暮らしたがってきた。</td></tr>
<tr><td colspan="2">⬆ as</td></tr>
<tr><td>後半
原因・理由A</td><td>個人的な自立が非常に重要だと考えられることが多いため。</td></tr>
<tr><td colspan="3">⬇ Therefore</td></tr>
<tr><td>❷文目
結果B′</td><td colspan="2">たいていの場合，高齢者は自分の家で暮らし，一方，大人になった子は家を出て，他のところで暮らす。</td></tr>
</table>

② 逆接（A⇔B）：AしかしB／AとBは異なる

逆接とは，「Bという内容が，Aという内容から予測できない意外なものとして生じている場合のAとBの関係」のことです。逆接の中には，単純に2つのものを比べる**「対比」**や，**「譲歩（一般論・自分の主張と異なる見解）を述べた後，それに反する主張を述べる」**といったつながり方が含まれます。

例文 5 ❶In some countries, silver gifts are given for 25th wedding anniversaries and gold gifts for 50th anniversaries. ❷But in the United Kingdom, there are also some traditional gifts given to celebrate other anniversaries.
「❶一部の国では，結婚25周年には銀製品の贈り物，50周年には金製品の贈り物をする。❷しかしイギリスでは，他の記念日を祝うのに贈られる，伝統的な贈り物もいくつかある」
〔2015年度本試験 第4問A 問20より抜粋〕

▶But により，❶文目と❷文目の内容が**逆接**の関係でつながっています。

一部の国々	⇔	イギリス
結婚25周年：銀製品の贈り物 結婚50周年：金製品の贈り物	But	他の記念日を祝う伝統的な贈り物がある

▶このButは単に「対比」を表しているだけでなく，この先に続く内容への「導入」の役割を果たしている，と考えられます。もしこれが単純に「対比」の働きをするだけであれば，この後に他の国々との比較が続くはずですが，実際の英文にはイギリスの話しか述べられていません。その意味では，❶文目と❷文目の関係は「譲歩と主張」の関係であると言えます。**❶文目と❷文目，どちらの情報に重点が置かれているのかによって，「対比」なのか「譲歩」なのかを判断する**必要があります。

例文6

M : I don't know what to get for my mother's birthday.
「母さんの誕生日に何を買えばいいかわからないんだ」
W : Flowers are always nice.「お花なら間違いないわ」
M : Well, I don't want to give them again this year.
「うーん，今年もまた花を贈るっていうのはいやだな」
〔2016年度本試験　第3問A　問14より抜粋〕

▶男性の「母さんの誕生日に何を買えばいいかわからない」という発言に対して，女性が「花なら間違いない」とアドバイスをしています。しかし，男性はその次に「今年もまた花を贈るのはいやだ」と述べています。**この2つの発言の間には「逆接」を表す語句は書かれていません**が，男性が女性のアドバイスを受け入れなかったことで，**男性と女性の意見が対立的な関係**にあることがわかります。

③ 説明（A＝B／A，B，C，…）：AすなわちB／AたとえばB／A，B，C…

説明の中に含まれるのは**「言い換え（具体化・同格・抽象化・一般化・要約）」「類比・類推・類似」「列挙・追加・補足・補強」**です。

これは，「Aの内容をBと言い換える」こと，「Aに続けてB，C…と類似した情報を追加する」こと，あるいは，「Aと似たBを並べる」ことや「AをBでたとえる」ことで，Aをわかりやすく相手に伝えるつながり方のことです。また，「A，B，C，…といった**複数の情報をまとめて抽象化（一般化）する**」ことも含まれます。

例文 7

W : How long have you been living in Fukuoka ?
「福岡にはどのくらい住んでいますか？」
M : Three years.「3 年です」
W : Where else have you lived in Japan ?
「日本では他にどこで暮らしたことがありますか？」
M : Sendai and Nagoya for a year each, and Osaka for ten months.
「仙台と名古屋にそれぞれ 1 年と，大阪に 10 カ月ですね」
〔2015 年度本試験　第 1 問　問 2〕

▶女性の 2 回目の発言にある Where else have you lived in Japan ?の else は「他に，他の」の意味で，**情報を付け足す働き**をしています。また，男性の最後の発言の and も，**複数の情報を並べたり，追加する働き**をしています。

例文 8

W : Do you want to go shopping at the mall ?「モールへ買い物に行きたくない？」
M : That place is kind of boring, if you ask me.
「言わせてもらえば，あそこはちょっと退屈だよ」
W : But they just opened a new section with lots of new stores.
「でも新しいお店がいっぱいある新しいセクションがオープンしたばかりよ」
M : Like what ?「たとえばどんな？」
W : Clothes, furniture, kids' toys ...「洋服とか家具とか子供のおもちゃとか…」
M : That's all ?「それだけ？」
W : And a doughnut shop.「それにドーナツ屋さん」
M : OK ! Let's get in the car !「よし！　車に乗ろう！」
〔2014 年度本試験　第 3 問 A　問 14〕

▶男性の 2 回目の発言の Like what ? は「たとえばどんな？」という意味で，1 つ前で女性が述べた lots of new stores「たくさんの新しいお店」の**具体例**を求めています。また，女性はその具体例として，「洋服とか家具とか子供のおもちゃとか…」と述べ，さらに And を使って「ドーナツ屋さん」を**追加**しています。

では，上記の「つながり」を念頭に置いたうえで，以下の例題を解いてみましょう。

例題 1

次の問いについて英語を聞き，答えとして最も適切なものを，四つの選択肢（①～④）のうちから一つ選びなさい。2回流します。

Which of the following does the hotel have?

① An Italian restaurant on the second floor.
② Japanese-style rooms.
③ Rooms with a view of the sunrise.
④ Two swimming pools.

〔2015年度本試験　第4問A　問21〕

ポイント

① **設問文を先に見て，何が問われているかを把握する。**
✔「ホテルにあるのは次のどれか」が問われている。
② **選択肢に目を通して，必要になりそうな情報を予測しておく。**
✔ キーワード：① Italian restaurant／② Japanese-style rooms／③ sunrise／④ swimming pools

▶第1章と同様に，まずは**「ホテルにあるのは次のどれか」**という問いを把握します。本問の場合，選択肢のキーワードまで事前にチェックできれば，必要な情報をより選び出しやすくなります。キーワードを確認した後は，それぞれに該当する描写を聞き取るようにしましょう。

放送内容 ❶Welcome to The Ocean Hotel. ❷Our rooms are decorated in traditional French style, but you can use the latest technology, for example, wireless Internet. ❸Every room offers a splendid ocean view, so you can see the sunset. ❹Our hotel has Chinese, Japanese, and Italian restaurants on the top floor and three coffee shops on the first and second floors, so you can enjoy Asian and Western dishes. ❺In front of the hotel we have an outdoor swimming pool next to the beach, and you can **also** enjoy an indoor swimming pool and an exercise room.

訳 ❶オーシャンホテルへようこそ。❷当ホテルの部屋は，伝統的なフランス様式の装飾が施されておりますが，ワイヤレスのインターネットなど，最新の技術がご利用いただけます。❸どの部屋からも素晴らしい海の景色が見えますので，夕焼けがご覧になれます。❹当ホテルでは，最上階に中華料理，和食，イタリア料理のレストラン，1階と2階には3つの喫茶店がございますので，アジアのお料理も西洋のお料理もお楽しみいただけます。❺ホテルの前には，海岸に隣接して屋外プールがございますし，屋内プールとエクササイズルームもご利用になれます。

▶この放送英文の最終文に，also という追加・列挙を表す表現があることに注意しましょう。これにより，屋外プールと屋内プールの両方があることがわかります。よって，これをまとめた④ Two swimming pools.「2つのプール」が正解となります。

▶ Italian restaurant については，第❹文で on the top floor「最上階に」と述べられていますので，on the second floor とある①「2階にあるイタリアンレストラン」は不正解です。部屋については，第❷文で French style としか述べられていないので，②「和式の部屋」も合いません。③「日の出の見える部屋」は，第❸文で sunrise「日の出」ではなく，sunset「夕焼け」と述べられています。

例題 2

次の問いについて英語を聞き，答えとして最も適切なものを，四つの選択肢（①〜④）のうちから一つ選びなさい。2回流します。

What is common to the feature found on both flags?

① The color.
② The meaning.
③ The position.
④ The shape.

〔2015年度本試験　第4問A　問22〕

① 設問文を先に見て，何が問われているかを把握する。
✔「両国旗に見られる特徴に共通することは何か」が問われている。
→「共通点」を表す表現に気をつけて聞く必要がある。
② 選択肢に目を通して，必要になりそうな情報を予測しておく。
✔ ①色，②意味，③位置，④形・型に関する表現に注意。

ポイント

▶「両国旗に見られる特徴に共通することは何か」という問いを把握したうえで本文を聞きますが，この問題は選択肢が短いため，あらかじめ選択肢にも目を通し，それぞれに該当する描写を聞き取るようにしましょう。

放送内容 ❶Palau is a country in the Pacific. ❷It became an independent republic on October 1, 1994. ❸Palau's flag **is similar to** Japan's **because** it features a single circle. ❹**However**, the circle is yellow, and the background is blue. ❺Blue is used to represent the ocean, which the nation depends on for food. ❻**Unlike** the Japanese flag, the circle on Palau's flag is a little off-center. ❼**Instead of** the sun, as on the Japanese flag, the circle represents the moon, which is traditionally thought to be important in the life cycle and customs of the people.

訳 ❶パラオは太平洋にある国である。❷1994年の10月1日に独立共和国となった。❸**パラオの国旗は，一つの円を特徴としているので，日本の国旗と似ている**。❹しかし，円は黄色で地の色は青である。❺青は海を表すのに用いられているが，この国は食料を海に依存しているのである。❻日本の国旗と違い，パラオの国旗の円は，少し中心から外れた位置にある。❼日本の国旗に描かれているような太陽ではなく，この円は月を表している。というのも，月は人々のライフサイクルや様々な習慣において重要なものであると伝統的に考えられているからである。

◇depend on *A* for *B*「*B*を*A*に頼る」

▶第❸文の「パラオの国旗は，円が一つ描かれているので，日本の国旗と似ている」より，**④ The shape.「形，型」が正解**です。この放送英文では，パラオの国旗と日本の国旗の**類似点**と**相違点**が述べられています。放送英文を聞いて，類似点と相違点をまとめてみましょう。

類似点	相違点
・パラオの国旗は，円が一つ描かれているので，日本の国旗と似ている。（第❸文）	・（パラオの国旗の）円は黄色で地の色は青である。（第❹文） ・パラオの国旗の円は，少し中心から外れた位置にある。（第❻文） ・パラオの国旗の円は，太陽ではなく月を表している。（第❼文）

▶第❹文の冒頭のHoweverによって，第❸文の類似点と第❹文以下の相違点が**対比**されています。また，第❻文冒頭のUnlike「～とは異なり」，第❼文冒頭のInstead of～「～の代わりに」はいずれも**逆接・対比**を表す表現です。

▶このような論理展開を表す副詞，接続詞，前置詞（句）などを「ディスコースマーカー」あるいは「論理マーカー」「連結装置（cohesive devices）」などと呼びますが，こうしたマーカーがなくとも文と文の間にはつながりが生まれるので，このようなマーカーだけに注目するのではなく，**常に文と文のつながりを考えながら英文を聞いたり読んだりする**必要があります。また，場合によってはwhenが理由や逆接を表したり，andが因果関係を表したりするなど，**普段あたりまえに思っている接続詞が意外な意味を持つこともありうる**ので，注意が必要です。

例題 3

次の問いについて英語を聞き，答えとして最も適切なものを，四つの選択肢（①～④）のうちから一つ選びなさい。1回流します。

Why was Helen Keller first invited to Japan?

① To establish schools for the disabled.
② To give lectures across Japan.
③ To learn about Japanese culture.
④ To meet Ichiro Ogasawara.

〔2015年度本試験　第4問B　問23　改〕

設問文を先に見て，何が問われているかを把握する。 ポイント

✔「ヘレン=ケラーが初めて日本に招かれた理由」が問われている。
→「因果関係」「目的と手段」を表す表現に気をつけて聞く必要がある。

▶問いの「ヘレン=ケラーが初めて日本に招かれた理由は何か」という内容から，順接（**「因果関係」「目的と手段」**）のつながりを把握できているかどうかが問われていることがわかります。

放送内容 ❶Helen Keller, admired for her work on behalf of people with disabilities, visited Japan three times. ❷She was unable to see or hear, but she was impressed with the kindness of the Japanese people and developed an appreciation of Japan and its culture.

❸She first came to Japan in 1937, **when** she was invited by the Japanese government to make a lecture tour throughout the country. ❹While she was here, she was moved by the story about the faithful Akita dog, Hachiko, and wondered if she could have such a dog. ❺Ichiro Ogasawara, a police officer in Akita City, kindly gave her one of his own puppies. ❻She named this dog Kami.

訳 ❶ヘレン=ケラーは，障害を抱えた人たちのための活動で称賛されているが，日本を3回訪れている。❷彼女は目も見えず，耳も聞こえなかったが，日本の人々の優しさに感銘を受け，日本とその文化を高く評価するようになった。

❸**彼女が初めて日本に来たのは1937年で，その時は日本政府に国中を講演旅行してほしいと依頼されたのだった。**❹日本にいる間，忠誠心にあふれた秋田犬のハチ公の話に感動し，自分もそんな犬が飼えないかしらと思った。❺秋田市の警官だった小笠原一郎は，親切にも，自分の飼っている子犬のうちの1匹を彼女に贈った。❻彼女はこの犬を「カミ」と名付けた。

◇ on behalf of ～「～のための〔に〕」
◇ develop an appreciation of ～「～を評価・鑑賞するようになる」
◇ invite *A* to *do*「*A* に～するよう依頼する，*A* に～するよう勧める」

▶根拠となる箇所は第❸文の She first came to Japan in 1937, **when** she was invited by the Japanese government to make a lecture tour throughout the country. で，「彼女は日本政府に国中で講演してほしいと依頼された」と述べられていることから，**② To give lectures across Japan.「日本中で講演するため」が正解**となります。そのほかの選択肢の意味は，①「障害者のための学校を設立するため」，③「日本文化について学ぶため」，④「小笠原一郎に会うため」です。

▶ここには because のように理由を表すマーカーがありませんが，関係副詞の when の非制限用法（コンマ＋関係詞）が用いられていることがポイントになります。一般的に関係詞の非制限用法では and，but，because などの接続詞を補って解釈することができます。よって，この放送英文でもここに「理由」を表す意味が含まれていると解釈することができます。もちろん，音声の場合，コンマの有無はわかりませんが，直前に 1937 年とあることから，この when が 1937 年の初来日時についての補足説明をしていると判断し，**理由**を表していると解釈することができるはずです。

第 1 章では必要な情報を探すことが中心で，「つながり」をそれほど意識しなくとも部分的な情報だけで解答することができる問題が大半でしたが，この第 2 章では複数の情報の「つながり」を考えて解答する問題が中心となっています。複数の情報が並んだ時，その情報同士の間に何らかの「つながり」が生まれます。演習問題を通じて，そのつながりが「順接」なのか「逆接」なのか「説明」なのかをその都度判断し，設問に解答するために必要な情報を取捨選択しながら聞き取る練習をしましょう。

なお，**抽象化（一般化）**については，アプローチでは取り上げませんでしたが，特に長めの会話やモノローグでは，**具体的な複数の情報をまとめる力**が求められることが多いため，演習問題ではその点にも注意して解いてください。

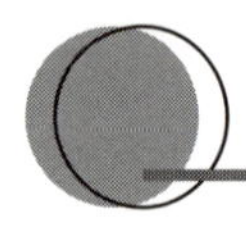

演習問題

28～30 それぞれの問いについて，対話の場面が日本語で書かれています。対話を聞き，問いの答えとして最も適切なものを，四つの選択肢（①～④）のうちから一つずつ選びなさい。1回流します。

28

母親と息子が話をしています。

Why did the woman get angry with her son ?

① He fell in a hole.
② He missed the train.
③ He tore his pants.
④ He was late for school.

〔2017年度本試験　第3問A　問14　改〕

29

夫婦がシャツについて話をしています。

Why is the woman unhappy with the man's new shirt ?

① It's too expensive for him.
② It's too large for him.
③ It's too much like one he already has.
④ It's too similar to one of her shirts.

〔2016年度本試験　第3問A　問15　改〕

30

夫婦がコーヒーについて話をしています。

What did the man do wrong ?

① He broke the coffee machine.
② He chose the wrong beans.
③ He misunderstood the directions.
④ He used 14 grams for each cup.

〔2015年度本試験　第3問A　問15　改〕

31 次の問いについて英語を聞き，答えとして最も適切なものを，四つの選択肢（①～④）のうちから一つ選びなさい。2回流します。

In which order does the speaker present suggestions for managing money?

① Compare prices→Make a budget→Plan to buy less→Use utilities less
② Compare prices→Plan to buy less→Make a budget→Use utilities less
③ Make a budget→Plan to buy less→Use utilities less→Compare prices
④ Make a budget→Use utilities less→Plan to buy less→Compare prices

〔2014年度本試験　第4問A　問21〕

32 女の子がある映画について話しています。話を聞き，その映画の内容を表したイラスト（①～④）を聞こえてくる順番に並べなさい。1回流します。

1	→	2	→	3	→	4

〔2013年度本試験　筆記　第5問　改〕

33

長めの英文を一つ聞き，以下の三つの問いの答えとして最も適切なものを，四つの選択肢（①～④）のうちから一つずつ選びなさい。2回流します。

問1 **What bothered the speaker about cleaning?**

① Following instructions
② Returning before 10 pm
③ Sweeping the floor
④ Waking up early

問2 **What was the speaker's opinion about phones in the dormitory?**

① Mobile phones should have been allowed.
② Mobile phones should have been cheaper.
③ Phones should have been placed in each room.
④ Phones should have been placed on each floor.

問3 **Which of the following would be the best title for this story?**

① How I challenged the strict Japanese dorm system
② How I improved the rules of a Japanese dorm
③ How I matured while living in a Japanese dorm
④ How I survived a Japanese dorm without a phone

〔2018年度本試験 第4問A〕

長めの会話を一つ聞き，以下の三つの問いの答えとして最も適切なものを，四つの選択肢（①～④）のうちから一つずつ選びなさい。2回流します。

会話の場面

英語の授業で，500万円の予算があればどのように学校を改善できるのか Ichiro，Reina，Mayuko が討論しています。

問1　Which of the following was proposed in the discussion?

① Buying tablet PCs.
② Installing solar panels.
③ Painting the picnic tables.
④ Sending students abroad.

問2　What improvement do all the speakers like?

① A bicycle parking roof.
② Flowers near the entrance.
③ Grass in the school yard.
④ New picnic tables.

問3　Which of the following do Ichiro and Mayuko have different opinions about?

① Buying more library books.
② Installing air conditioning.
③ The need for school-wide Wi-Fi.
④ The value of educational websites.

〔2016年度本試験　第4問B〕

35 四人の英語を聞き，問いの答えとして最も適切なものを，四つの選択肢（①～④）のうちから一つ選びなさい。下の表を使ってメモを取ってもかまいません。1回流します。

状況

日本の観光案内所で外国人観光客を案内する高校生ボランティアスタッフを1名募集しました。その結果，複数の応募があったため，以下のような条件に沿って選ぶことにしました。

条件

- 観光案内や通訳をしたことのある人。
- 外国人観光客に対応できる英語力（中級から上級）のある人。
- 週末の午後1時から5時まで参加できる人。

メモ

Candidates	Experience	English level	Schedule
Akiko KONDO			
Hiroshi MIURA			
Keiko SATO			
Masato TANAKA			

問　四人の応募者の録音された自己紹介を聞き，最も条件に合う人物を選びなさい。

① Akiko KONDO
② Hiroshi MIURA
③ Keiko SATO
④ Masato TANAKA

〔第1回プレテストB　第4問B〕

四人の英語を聞き，問いの答えとして最も適切なものを，四つの選択肢（①～④）のうちから一つ選びなさい。下の表を使ってメモを取ってもかまいません。**1回流します**。

状況
　ある大学で英語圏の大学への留学プログラムの参加者を1名募集しました。その結果，複数の応募があったため，以下のような条件に沿って選ぶことにしました。
条件
• 生物学または化学を学びたい人。
• 英語の授業に対応できる英語力を持っている人。
• 日本文化を伝える異文化交流のボランティア活動に定期的に参加できる人。

メモ

Candidates	Subject	English Ability	Cultural Exchange
Takahito Yuasa			
Sawane Kondo			
Konoha Watanabe			
Daichi Mizushima			

問　四人の応募者の録音された自己紹介を聞き，最も条件に合う人物を選びなさい。

① Takahito Yuasa
② Sawane Kondo
③ Konoha Watanabe
④ Daichi Mizushima

〔本書オリジナル〕

37 二人の対話を聞いて，以下の二つの問いの答えとして最も適切なものを，四つの選択肢（①～④）のうちから一つずつ選びなさい。（問いの英文は書かれています。）1回流します。

状況
二人の大学生が，日本の高校で行った修学旅行について英語の授業で話しています。

問1 **What is the woman's main point?**

① She found it difficult to use English in Australia.
② She thinks a school trip abroad is worthwhile.
③ She wanted more chances to travel outside Japan.
④ She wishes she had gone to Hiroshima instead.

問2 **What is the man's main point?**

① He disliked being asked questions about Japan.
② He felt that domestic school trips should be longer.
③ He thought he wasn't able to appreciate his school trip.
④ He wanted to go to Australia instead of Nara.

〔第1回プレテストB 第6問A〕

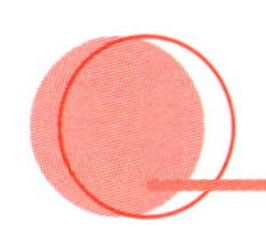

解答解説

28 正解は③

① 対話の場面と設問文を先に見て，何が問われているかを把握する。
② 「つながり」を意識して聞く。
✔ 因果関係を理解する力が問われている。

ポイント

問 女性はなぜ息子に腹を立てたのですか。

① 彼が穴に落ちた。
② 彼が電車に乗り遅れた。
③ 彼がズボンを破いた。
④ 彼が学校に遅刻した。

放送内容 《破れたズボン》

W : I can't believe it !
M : **What**, Mom ?
W : That hole in your new trousers !
M : I slipped and fell at the station.
W : How many times have I told you not to run there ?
M : But I didn't want to miss the train and be late for school.
W : Anyway, I'm not buying you another pair.

訳
女性：信じられない！
男性：どうしたの，母さん？
女性：あなたの新しいズボンにあいているその穴よ！
男性：駅ですべって転んだんだ。
女性：駅で走っちゃ駄目って，何度言ったかしら？
男性：でも，電車に乗り遅れて学校に遅刻したくなかったんだよ。
女性：ともかく，新しいズボンは買いませんからね。

冒頭で女性が「信じられない！」と憤っており，息子が What ?「どうしたの？」とその訳を聞いているので，その理由となる情報を放送英文から聞き取る。女性は2番目の発言でズボンの穴のことに触れ，最後の発言で「新しいズボンは買わない」と言っている。③が正解。another pair は another pair of trousers の意。

29 正解は③

① **対話の場面と設問文を先に見て，何が問われているかを把握する。**
✔ シャツに関する会話。
② **「つながり」を意識して聞く。**
✔ **因果関係**を理解する力が問われている。

ポイント

問 なぜ女性は男性の新しいシャツが気に入らないのですか。
① それは彼には高価すぎる。
② それは彼には大きすぎる。
③ それは彼がすでに持っているものと似すぎている。
④ それは彼女のシャツの一つと似すぎている。

放送内容 《新しいシャツの評価》
M : Guess what I bought myself today.
W : Another shirt ?
M : Yes, they had a big sale !
W : Let me see. Are you kidding me ?!
M : **What's wrong with it** ?
W : You bought one with the same pattern last month.
M : But this one has long sleeves.
W : Anyway, I think you should take it back.

訳
男性：今日僕が何を買ったか当ててごらん。
女性：またシャツ？
男性：そうだよ，大安売りだったんだ！
女性：見せて。ねえ，冗談でしょう?!
男性：何がいけないんだい？
女性：先月，同じ柄のものを買ったじゃない。
男性：でもこれは長袖だよ。
女性：ともかく，返してきたほうがいいと思うわ。

女性が2番目の発言で「冗談でしょう?!」と呆れており，その後男性が What's wrong with it?「何がいけないんだ？」と言っているので，次に女性が「気に入らない理由」を述べていることが予想できる。女性は「先月同じ柄のものを買った」と指摘している。正解は③。

30 正解は③

① **対話の場面と設問文を先に見て，何が問われているかを把握する。**
- ✔ コーヒーに関する会話。
- ✔ 男性は何を間違ってしまったのか，また，男性の行為に対して相手がどのような反応を示すのかを聞くことが必要。

② **「つながり」を意識して聞く。**
- ✔「（指示通り）コーヒー 40 グラムを入れた」「違う！ 14 グラム入れてと言った」 こうした**具体的な複数の情報から**「指示を誤解した」というように**抽象化する（まとめる）力**が問われている。

ポイント

問 男性は何を間違ってしまいましたか。
① 彼はコーヒーメーカーを壊してしまった。
② 彼は間違った豆を選んでしまった。
③ 彼は指示を誤解してしまった。
④ 彼は 1 杯につき 14 グラム使ってしまった。

放送内容 《コーヒーの分量》

W : This coffee is too strong !
M : Really ?
W : Yeah, is the machine broken ?
M : No, it seems fine.
W : What could the problem be ?
M : Hmm ... I don't know. I did what you told me to do.
W : What exactly did you do ?
M : I put 40 grams of coffee for each cup.
W : No, I said 14 !

訳
女性：このコーヒー，濃すぎるわ！
男性：本当？
女性：ええ，機械が壊れているんじゃないの？
男性：いや，調子はよさそうだよ。
女性：問題は何なのかしら？
男性：うーん…わからないな。君が言った通りにしたんだけれど。
女性：正確に言って，どうしたの？
男性：1 杯につき 40 グラムのコーヒーを入れたよ。

女性：違うわ，14グラムって言ったのよ！

男性が女性の言った通りにしたと言い，「1杯につき40グラムのコーヒーを入れたよ」と言ったのに対して女性はNo「違う」と応答し，さらに「14グラムって言った！」と続けている。女性が14（fourteen）と言ったのを，40（fourty）と聞き違えたことがわかる。③が正解。

31 正解は③

ポイント

① 設問文を先に見て，何が問われているかを把握する。
② 「つながり」を意識して聞く。
✔ 複数の情報をまとめる力と出来事を時系列で把握する力が求められている。
✔ 順序を表す表現に注意する。

問 話し手は，お金の管理のための提案をどの順序で示していますか。

① 値段を比較する→予算案を立てる→買うものを減らす計画を立てる→公共料金のかかるものの使用を減らす
② 値段を比較する→買うものを減らす計画を立てる→予算案を立てる→公共料金のかかるものの使用を減らす
③ 予算案を立てる→買うものを減らす計画を立てる→公共料金のかかるものの使用を減らす→値段を比較する
④ 予算案を立てる→公共料金のかかるものの使用を減らす→買うものを減らす計画を立てる→値段を比較する

放送内容 《お金の節約のコツ》

When you start living alone, you might find it difficult to manage your money. Here are some tips that you may find helpful. One hint is **first** to make a detailed budget, or plan, of how much money you have and what you are going to spend it on each month. **Then**, look at your budget and decide if you can buy fewer items. **Also**, use less electricity, water, or other utilities by turning off lights, for example. **Finally**, before shopping, make a list of what you need and compare prices on those items from different shops.

訳 一人暮らしを始める時，お金の管理をするのが難しいと思うかもしれない。役に立つかもしれない秘訣がいくつかある。秘訣の一つは，まず，毎月どのくらいのお金があり何に使うことになるか詳細な予算案，つまり計画を立てることだ。

それから予算案を見て，**買うものを減らせないか検討**しなさい。また，たとえば照明を消すなどして，**電気や水道，その他の公共料金のかかるものを使うのを減らし**なさい。最後に，買い物をする前に，必要なもののリストを作り，いろいろな店でその品物の**値段を比べ**なさい。

◇ tip「秘訣，助言」 ◇ utilities「公共設備」

第 3 文に「予算案を立てる」，第 4 文に「買うものを減らせないか検討する」，第 5 文に「公共料金のかかるものの使用を減らす」，第 6 文に「値段の比較をする」とある。この順になっているのは③。

32

1 正解は④ 2 正解は② 3 正解は① 4 正解は③

ポイント

① イラストを先に見て，必要になりそうな情報を予測しておく。
- ①老女と若い女性，キノコの入った鍋。
- ②着飾った若い女性。
- ③若い女性と双子の赤ちゃん。
- ④若い女性とカエル，女性は驚いている。

② 「つながり」を意識して聞く。
- 与えられた順番に情報を理解してイラストと対応させることが求められている。

放送内容 《ある映画のストーリー》

My favorite movie is "*Tomo and Aki,*" a story about a young couple who move to the countryside. It starts with a huge frog jumping in front of Aki, the main female character. She regrets their move and tries to somehow maintain her city lifestyle by wearing high heels and perfect makeup. One day, she meets an old woman. She teaches Aki how to cook wild mushrooms while telling her a traditional folk story from the village. After the experience, Aki's mind gradually changes. At the end of the story, she gives birth to twins, which helps her to let go of the past completely. She makes up her mind to live in the village forever.

訳 私のお気に入りの映画は『トモとアキ』という，田舎に引っ越してきたある若い夫婦についての物語です。**それは巨大なカエルが**主人公の女性の**アキの目の前に飛び出してくるところから始まります**。彼女は自分たちが引っ越したことを後悔し，**ハイヒールを履いて完璧な化粧をすることでどうにかして自分の都会でのライフスタイルを維持しようとします**。ある日，彼女は一人の老女に出会います。**彼女はアキに**村の伝統的な民話を語りながら**野生のキノコの調理の仕方を教えます**。その経験の後，アキの考えが次第に変わります。物語の最後に，**彼女は双子を出産**し，そのことが，彼女が過去を完全に手放す助けとなります。彼女はその村でずっと生きる決意をします。

◇start with ～「～から始まる」 ◇folk story「民話」 ◇gradually「次第に」
◇give birth to ～「～を産む」 ◇twins「双子」 ◇let go of ～「～を手放す」
◇make up *one's* mind to *do*「～する決意をする」

第2文（It starts with …）では冒頭の場面でカエルが飛び出してきたと述べられているので，④がこれに相当する。第3文（She regrets their move …）で「ハイヒールを履いて完璧な化粧をする」と述べられているので，②がこれに相当する。第5文（She teaches Aki …）でアキが老女からキノコの調理を教わったと述べられているので，①がこれに相当する。第7文（At the end …）では物語の最後にアキが双子を出産したことが述べられているので，③がこれに相当する。よって，④→②→①→③の順であるとわかる。

33

① **設問文を先に見て，何が問われているかを把握する。**
✔「掃除について話し手を悩ませたこと」「寮の電話についての話し手の意見」「この話のタイトル」が問われている。
② **「つながり」を意識して聞く。**
✔ 問 1 は**因果関係**を理解する力が問われている。
✔ 問 2 は**逆接**が用いられた文の中で，話し手の主張を正しく理解できたかどうかが問われている。
✔ 問 3 は**逆接**の後の主張と，**因果関係**の把握および複数の情報をまとめて**抽象化する力**が求められている。

ポイント

放送内容 《交換留学生としての寮生活》

When I was an exchange student in Japan over 20 years ago, I lived in a dormitory. It was an unforgettable, transforming experience. Several things bothered me during that time, though. Learning Japanese, performing dorm duties, and obeying dorm rules were especially troublesome. For example, there was a curfew, which meant we had to return no later than 10 in the evening. One of the duties was cleaning the floors and the bathroom. I wouldn't have minded, **but** it had to be done before everyone else got up. Telephone duty was another annoying responsibility. Mobile phones weren't available back then. Amazingly, the only phone was on the first floor, and we took turns answering it. I knew having a phone in each room was too costly, **but** surely a phone on each floor would've been reasonable. Many of these duties and rules felt like burdens to me. **Although** it was a huge challenge communicating in a foreign language and dealing with these obstacles, it turned out to be beneficial for me. It forced me to improve my language ability and adapt very quickly. I realize now that overcoming these difficulties helped me grow up and become a more responsible person.

訳　20 年以上前，日本に交換留学生として来た時，私は寮に住んでいた。それは，忘れることのできない，私を大きく変える経験だった。しかし，その間にいくつかのことが私を悩ませた。日本語を身につけること，寮での義務を果たすこと，寮の規則に従うことがとりわけ大変だった。たとえば，門限があって，それは夜 10 時には必ず寮に戻っていなければならないということだった。義務の一つは，床と浴室の掃除だった。嫌ではなかったが，**他の人たちが起床する前にしなければならなかった**。電話番はもう一つのやっかいな責任だった。当時は携帯電話などなかった。驚くべきことだが，唯一の電話は1階にあり，私たちは交替で電話に出た。各部屋に電話を設置すると費用がかかりすぎるのはわかっていたが，**各階に1台あってもよかったのはたしかだろう**。こうした義務や規則の多くは，私には負担に感じられた。外国語で意思疎通をし，こうした障害に対処するのは大きな課題だったが，**結局は私にとってよいことだった**。**そのおかげで私の言語能力は否応なく向上したし，とても早く適応できた**。**こうした困難を克服することは，私が成長し，より責任感のある人間になる手助けになった**と，今では身に染みてわかる。

◇ transforming「人を大きく変えるような」 transform「変える」の現在分詞形。
ex. life-transforming「人生の転機となる」
◇ curfew「門限」 ◇ turn out to be ～「結果的に～だとわかる，判明する」

問1　正解は④

> 問　掃除に関して，話し手を悩ませたのはどんなことですか。
> ①　指示に従うこと
> ②　午後10時になる前に帰って来ること
> ③　床を掃くこと
> ④　早く起きること

話し手を悩ませた原因となる情報を探す。第7文（I wouldn't have …）に「（掃除自体は嫌ではなかったが，）他のみんなが起きる前にしなくてはならなかった」とある。④が正解。

問2　正解は④

> 問　寮の電話に関して，話し手の意見はどのようなものでしたか。
> ①　携帯電話が許可されるべきだった。
> ②　携帯電話がもっと安価であるべきだった。
> ③　電話は各部屋に設置されるべきだった。
> ④　電話は各階に設置されるべきだった。

第11文（I knew having …）に，まず「各部屋に電話を設置すると費用がかかりすぎるのはわかっていた」とあり，後半では but（逆接）が用いられ，「各階に1台あってもよかったのはたしかだろう」とある。この後半が話し手の主張。④が正解。

問3　正解は③

> 問　この話に最もふさわしい表題は次のどれだと考えられますか。
> ①　厳格な日本の寮制度に私はいかに挑んだか
> ②　日本のある寮の規則を私はいかに改善したか
> ③　日本の寮で暮らしている間に私はいかに成熟したか
> ④　電話のない日本の寮で私はいかに耐え抜いたか

第13文（Although it was …）で逆接を用いて，「外国語で意思疎通をし，こうした障害に対処するのは大きな課題だったが，結局は私にとってよいことだった」とある。Although の直後の it は communicating in a … with these obstacles を指している。these obstacles は第12文（Many of these …）の Many of these duties and rules を指している。続く第14文に「そのおかげで私の言語能力は否応なく向上したし，とても早く適応できた」，最終文の that 節内に「こうした困難を克服することは，私が成長し，より責任感のある人間になる手助けになった」とある。これらをまとめたものは③。第14文の It は第13文の it と同じものを指し，最終文の these difficulties は第13文の these obstacles を指している。

なお，第14文と最終文の that 節内は，主部と述部に因果関係がある。

	原因・理由	結果
第14文	外国語で意思疎通をし，こうした障害に対処すること	言語能力が向上し，早い適応ができた
最終文の that 節内	こうした困難を克服すること	私が成長し，責任感のある人間になれた

34

① 会話の場面と設問文を先に見て，何が問われているかを把握する。
- 学校改善のための 500 万円の使い方について。
- 「討論で提案されていること」「全員が気に入っている改善」「イチローとマユコの意見の違い」が問われている。

②「つながり」を意識して聞く。
- 問１・問２は，**複数の情報をまとめる力**が問われている。
- 問３は，**逆接**の後の主張を見抜き，二人の意見の**違いを把握する力**が求められている。

ポイント

放送内容 《予算の使い道》

Ichiro : So, Reina, what would you do if we had five million yen to improve our school?

Reina : Hmm. I can think of so many things, Ichiro. One idea would be to put a roof over the bicycle parking area. Don't you hate it when it rains and your bike gets wet? We could also put some picnic tables on the grassy area over by the bike stands. That would give students a place to have lunch or hang out after school. And we could make the entrance look a lot nicer. What about painting it a bright color and buying some plants and flowers?

Ichiro : Well, those are all great ideas, Reina. I especially like putting a roof over the bicycles. But to tell the truth, if we had that much money to spend, I think it'd be better to spend it on one big thing rather than a lot of little things.

Reina : Oh, yeah. Good point, Ichiro.

Ichiro : I think it'd be better if we had free Wi-Fi everywhere in the school. Internet access would help us study more. We could get a lot of information that would help us with our homework, and there are so many educational websites that are usually free. Best of all, we could chat with the students at our sister school in Australia. Don't you agree, Mayuko?

Mayuko : Well, that's a pretty good idea, Ichiro, **but** the library has internet access, and most students already have smartphones or tablet

PCs. I think it'd be better to buy solar panels instead. That electricity could be used all over the school—we could have hot water in the winter and air conditioning in the summer. Oh, I know! We could make a roof for the bicycles out of the solar panels. That would kill two birds with one stone!

訳
イチロー：じゃあ，レイナ，もし学校を改善するために500万円あるとしたら，何をする？

レイナ　：うーん。とてもたくさんのことが考えられるのよね，イチロー。考えの一つは，自転車置き場に屋根をつけることよ。雨が降って自転車が濡れていたら嫌じゃない？　自転車置き場のそばの芝生のところにピクニック・テーブルを置くこともできるわ。そうすれば，生徒がお昼ご飯を食べたり，放課後に時間を過ごしたりする場所ができるわよね。それから，校門をずっと見栄えよくすることもできるでしょう。鮮やかな色に塗って，何か植木や花を買うのはどうかしら？

イチロー：うん，それ，みんないい考えだね，レイナ。僕は特に自転車置き場に屋根を設置するのがいいな。でも，実を言うと，使えるお金がそんなにたくさんあるなら，たくさんの小さなことより，何か一つ大きなことに使うほうがいいと思うんだ。

レイナ　：ああ，そうね。いい論点ね，イチロー。

イチロー：学校中に無料の Wi-Fi があったらもっといいんじゃないかな。インターネットにアクセスできたら，僕らがもっと勉強するのに役立つよね。宿題の手助けになる情報をたくさん得られるし，たいていは無料の教育的なサイトがたくさんあるしね。何よりいいのは，オーストラリアの姉妹校の生徒とチャットができることだよ。マユコ，そう思わない？

マユコ　：そうねえ。とてもいい考えだわ，イチロー。でも，図書館でインターネットにアクセスできるし，ほとんどの生徒はもうスマートフォンかタブレット PC を持っているわ。代わりに，太陽光パネルを買うほうがいいと思うんだけど。その電気が学校中で使えるわ。冬には温水，夏はエアコンが使えるでしょう。あ，そうだ！　太陽光パネルで自転車置き場の屋根が作れるわ。それって一石二鳥よね！

◇hang out「ぶらぶらと時間を過ごす」
◇help *A* with *B*「*A* を *B* のことで助ける，*A* の *B* を手伝う」
◇kill two birds with one stone「一石で二鳥を得る，一挙両得をする」

問1 正解は②

> 問 次のどれが討論の中で提案されましたか。
> ① タブレット PC を買うこと。
> ② 太陽光パネルを設置すること。
> ③ ピクニック・テーブルを塗装すること。
> ④ 生徒を海外に行かせること。

マユコの発言第2文と第5文に「太陽光パネルを買う」「それで自転車置き場に屋根をつける」とある。②が正解。

問2 正解は①

> 問 話し手全員が気に入っている改善は何ですか。
> ① 自転車置き場の屋根。
> ② 校門のそばの花。
> ③ 校庭の芝生。
> ④ 新しいピクニック・テーブル。

レイナが最初の発言第3文で自転車置き場に屋根をつけることを提案し，イチローは2番目の発言第2文で，マユコは発言の第5文でそれぞれ賛成している。①が正解。

問3 正解は③

> 問 イチローとマユコが異なる意見を持っているのは次のどれについてですか。
> ① 図書館の本をもっと買うこと。
> ② エアコンを設置すること。
> ③ 学校全体の Wi-Fi の必要性。
> ④ 教育的なウェブサイトの価値。

イチローの3番目の発言第1文「学校中に無料の Wi-Fi があればよい」に対して，マユコはまず that's a pretty good idea とイチローの意見を認めている。そして直後で but と言って，「図書館でインターネットにアクセスできるし，ほとんどの生徒がスマートフォンかタブレット PC をもう持っている」と続けている。マユコの主張は but 以下で，「Wi-Fi は必要ない」と言いたいことを把握する。③が正解。

35 正解は③

① 「状況」と「条件」を正確に把握して聞く。
② メモを取りながら聞く。
✔ メモ欄の Experience，English level，Schedule はそれぞれ「条件」の 3 つの項目に対応しているので，聞きながら，条件に合わない項目に×印をつけていく。
③ 「つながり」を意識して聞く。
✔ 具体的な情報を**抽象化**することと，**複数の情報を比較して総合的に判断する能力**が求められている。

ポイント

問 四人の応募者の録音された自己紹介を聞き，最も条件に合う人物を選びなさい。

① Akiko KONDO
② Hiroshi MIURA
③ Keiko SATO
④ Masato TANAKA

メモ

応募者	経験	英語のレベル	スケジュール
Akiko KONDO			
Hiroshi MIURA			
Keiko SATO			
Masato TANAKA			

放送内容 《ボランティアスタッフの選考》

1. Hello, this is Akiko speaking. I, um, I just started studying English hard. I want to, uh, improve my speaking skills. I like, uh, I want to practice with people from foreign countries. This job is perfect for that. I have a part-time job on Sunday evenings. Thank you !
2. Hi, I'm Hiroshi, but my friends call me "Hiro." I lived in Canada for 3 years and I'm pretty fluent in English. Currently, I work as an interpreter on weekends. I'd love to help out ! Please let me know if you need any other information. Thanks. Bye !
3. Good morning. This is Keiko. I was an exchange student in Australia

for a year and I'm a volunteer guide for foreign visitors at my school. I'm available most days, but Wednesday evenings I've got band practice. Thank you for your time. Bye.

4. Hi, my name's Masato. My English is good, but it will be my first time doing a volunteer work using English. I'm applying because I hope to gain that kind of experience. I'm free on most weekdays except for Thursdays. Please consider me for this position! Goodbye.

訳
1. こんにちは，私はアキコです。私は，えぇっと，私は懸命に英語を勉強し始めたばかりです。私は自分の会話力を，あの，向上させたいと思っています。私は海外の国から来た人々と練習をするのが好き，いやしたいと思っています。この仕事はそれにもってこいなのです。日曜日の夜はアルバイトがあります。ありがとうございました！
2. こんにちは，私はヒロシですが，友人たちは私を「ヒロ」と呼んでいます。私は3年間カナダに住んだことがあり，英語がかなり流暢です。現在，毎週末，通訳として働いています。私はぜひとも人の助けになりたいと考えています！　他に情報が必要であれば，私にお知らせください。ありがとうございます。では！
3. おはようございます。私はケイコです。**私は1年間，交換留学生としてオーストラリアにいた**ことがあり，学校では**海外からの訪問客を案内するボランティアをしています**。**私はほとんどの日程，対応が可能ですが，水曜日の夜はバンドの練習があります**。お時間を取っていただき，ありがとうございます。失礼します。
4. こんにちは，私の名前はマサトです。私は英語が得意ですが，英語を使ったボランティアの仕事をするのは私にとっては初めてのことになります。志望動機は，そういった類の経験を積みたいと考えているからです。木曜日以外の平日はほとんど空いています。私をこの仕事に採用していただけるようご検討をお願いいたします！　失礼します。

◇fluent「流暢な」 ◇currently「現在」 ◇interpreter「通訳」
◇help out「(困った時に人を) 助ける」 ◇exchange student「交換留学生」
◇available「都合がつく，忙しくない」 ◇apply「申し込む，応募する」

③ Keiko SATO の発言第3文（I was an exchange …）で「私は1年間，交換留学生としてオーストラリアにいたことがあり，学校では海外からの訪問客を案内するボランティアをしています」と述べており，条件1つ目「観光案内や通訳をしたことのある人」と条件2つ目「外国人観光客に対応できる英語力（中級から上級）のある

人」に当てはまる。また，第4文（I'm available …）「私はほとんどの日程，対応が可能ですが，水曜日の夜はバンドの練習があります」より週末働けるとわかるので，条件3つ目「週末の午後1時から5時まで参加できる人」に当てはまる。③が正解。

① Akiko KONDO の発言第2文（I, um, I just …）で「英語を勉強し始めたばかり」とあり，条件2つ目の「外国人観光客に対応できる英語力（中級から上級）のある人」に当てはまらないため，不適。

② Hiroshi MIURA については第2・3文より英語力と経験については問題がないものの，第3文（Currently, I work …）「現在，毎週末，通訳として働いています」とあり，「週末の午後1時から5時まで参加できる人」という条件3つ目に合わない。

④ Masato TANAKA は第2文（My English is good, …）の後半で「英語を使ったボランティアの仕事をするのは私にとっては初めてのことになります」とあり，条件1つ目の「観光案内や通訳をしたことのある人」に当てはまらないため，不適。

応募者	経験	英語のレベル	スケジュール
① Akiko KONDO	言及なし	×	×
② Hiroshi MIURA	○	○	×
③ Keiko SATO	○	○	○
④ Masato TANAKA	×	○	言及なし

36 正解は②

ポイント

① 「状況」と「条件」を正確に把握して聞く。

② メモを取りながら聞く。

✔ メモ欄の Subject, English Ability, Cultural Exchange はそれぞれ「条件」の3つの項目に対応しているので，聞きながら，条件に合わない項目に×印をつけていく。

③ 「つながり」を意識して聞く。

✔ 具体的な情報を抽象化することと，複数の情報を比較して総合的に判断する能力が求められている。

問 四人の応募者の録音された自己紹介を聞き，最も条件に合う人物を選びなさい。

① Takahito Yuasa

② Sawane Kondo

③ Konoha Watanabe

④ Daichi Mizushima

メモ

応募者	科目	英語力	異文化交流
Takahito Yuasa			
Sawane Kondo			
Konoha Watanabe			
Daichi Mizushima			

放送内容 《留学プログラムへの参加者選抜》

1. Hi. My name's Takahito Yuasa. Um ... I'd like to take part in the study abroad program. I'm very interested in studying um ... biology in Canada. I'm not very good at English, but I'm a hard worker. I'll have to study hard to keep up with the lessons, so ah ... I won't have enough time for other activities.
2. Hello. I'm Sawane Kondo. I read about a study abroad program you're offering. I've been looking for an opportunity to study chemistry abroad. My university in Japan already teaches many lessons in English so I think I can understand. I'd also like to take part in any cultural exchanges the school offers.
3. This is Konoha Watanabe. Um ... I'd like to talk to someone about the study abroad program. It looks very exciting. I have good English and I'm very happy to participate in volunteer activities in the host country. Um ... can I study economics there, though? I don't need any science subjects for my course.
4. Hi. My name's Daichi Mizushima. I read about a study abroad program the university is offering. I'm very interested in studying chemistry in English. I lived in the USA until I was 12 so I'm sure my English is good enough. Unfortunately, I don't know much about Japanese culture.

訳 1. こんにちは。私の名前はユアサ・タカヒトです。ええと…私は留学プログラムに参加したいと思っています。私はカナダであの…生物学を学ぶことに大変興味があります。私はあまり英語が得意ではありませんが，勉強熱心です。授業についていくのに一所懸命に勉強しなければならないでしょう，なので，あの…その他の活動に割ける時間は十分に取れないと思います。

2．こんにちは。私はコンドウ・サワネです。御校が提供されている留学プログラムについて読みました。私は海外で化学を勉強する機会を探していました。日本の大学ですでに，多くの授業を英語で受講していますので，理解できると考えています。また，学校が実施する異文化交流にも参加したいと思っています。

3．ワタナベ・コノハです。あの…私は留学プログラムについて誰かと話したいです。とても面白そうです。私には上手な英語があり，現地でのボランティア活動に参加できてとてもうれしいです。えーと…現地では経済学を学ぶことができますよね？　私の学科では科学系の科目は必要ありません。

4．こんにちは。私の名前はミズシマ・ダイチです。御校が提供する留学プログラムについて読ませていただきました。私は英語で化学を勉強することに大変興味があります。私は12歳までアメリカ合衆国に住んでいたので，私の英語力はきっと十分だと思います。残念ながら，日本文化については私はあまり詳しくありません。

◇ study abroad program「留学プログラム」 ◇ biology「生物学」
◇ chemistry「化学」 ◇ cultural exchange(s)「異文化交流」
◇ economics「経済学」 ◇ ～, though?「～だよね？」 ◇ subject「科目」
◇ course「課程，学科」

② Sawane Kondo の発言第4文（I've been looking for …）で「私は海外で化学を勉強する機会を探していました」と述べており，条件1つ目「生物学または化学を学びたい人」に当てはまる。また，第5文（My university in Japan …）「日本の大学ではすでに，多くの授業を英語で受講していますので，理解できると考えています」より英語力は十分備わっていると考えられるため，条件2つ目「英語の授業に対応できる英語力を持っている人」にも当てはまる。さらに，最終文で「学校が実施する異文化交流にも参加したいと思っています」と述べ，異文化交流の活動への参加にも興味を示しているため，条件3つ目「日本文化を伝える異文化交流のボランティア活動に定期的に参加できる人」にも当てはまる。よって②が正解。

① Takahito Yuasa の発言第5文（I'm not very good …）で「英語があまり得意ではない」とあり，条件2つ目の「英語の授業に対応できる英語力を持っている人」に当てはまらない。また，最終文で勉強以外の活動に時間を割けないともある。条件3つ目「日本文化を伝える異文化交流のボランティア活動に定期的に参加できる人」にも当てはまらないため，不適。

③ Konoha Watanabe については第4文（I have good English …）で英語の使い方に間違いがあるため，条件2つ目「英語の授業に対応できる英語力を持っている人」にはあたらない。また，第5・最終文（Um ... can I study economics …）では経済学を学びたいこと，理系科目は必要ないと述べており，「生物学または化学を学びたい人」という条件1つ目にも合わない。

④ Daichi Mizushima は最終文で「日本文化についてはあまり知らない」と述べている。3つ目の条件である「日本文化を伝える異文化交流のボランティア活動に定期的に参加できる人」の「日本文化を伝える」ことが難しくなるため，不適。

応募者	科目	英語力	異文化交流
① Takahito Yuasa	○	×	×
② Sawane Kondo	○	○	○
③ Konoha Watanabe	×	×	言及なし
④ Daichi Mizushima	○	○	×

ポイント

① 「状況」と設問文を先に見て，何が問われているかを把握する。
- 女性と男性のそれぞれの話の「要点」が求められている。

② 「つながり」を意識して聞く。
- 具体的な情報を抽象化することと，複数の情報を比較して総合的に判断する能力が求められている。

放送内容 《修学旅行の行き先》

M : We went to Australia on our school trip.

W : Nice! We only went to Tokyo. I've never been abroad, and I wish I could have gone when I was a high school student.

M : Oh, yeah? In fact, looking back, I wish I had gone somewhere in Japan—like Hiroshima or Nara because I wasn't ready to go abroad yet.

W : What do you mean? You can go to places like that any time. Maybe you wouldn't have had a chance to go abroad otherwise.

M : I wish I had known more about Japan back then. People in Australia asked me a lot of questions about Japan, but it was very hard for me to answer them. Also, I needed more English skills.

W : But, didn't you find that using English in real situations improved your skills ? I wish I had had that opportunity.
M : No, not really. The trip was too short to really take advantage of that.
W : In any case, such an experience should be appreciated.

訳 男性：修学旅行でオーストラリアに行ったんだ。
女性：いいわね！　私たちは東京にしか行ってないのよ。**私，海外に行ったことがないから，高校生のうちに行ければよかったなぁ**。
男性：へぇ，そう？　実際，思い返してみると，**僕は**広島や奈良みたいな**国内のどこかに行ってたらよかったのにって思ってる**よ。だってまだ海外に行く準備ができていなかったからね。
女性：どういう意味？　そんな場所，いつでも行けるじゃない。たぶん，それ以外で海外に行く機会なんてなかったでしょうに。
男性：**あの時，もっと日本について知っていたらよかったって感じてる**んだ。オーストラリアの人々が僕に日本についての質問をたくさんしてきたんだけど，その質問に答えるのが僕にとってはとても難しかったんだ。それにね，**もっと英語力が必要だった**よ。
女性：でも，実際の状況で英語を使うことで英語力が向上するって思わなかった？　**私はそんな機会が欲しかったなぁ**。
男性：いや，そうでもないよ。修学旅行は短すぎて本当にその機会を活かすことはできなかったさ。
女性：とにかく，**そんな経験，ありがたく思いなさい**よ。

◇ school trip「修学旅行」
◇ I wish I could have *done*「～できていたらよかったのに」
◇ looking back「今思えば，思い返せば」
◇ I wish I had *done*「～していたらよかったのに」
◇ somewhere「どこか」　◇ be ready to *do*「～する準備ができている」
◇ any time「いつでも」　◇ otherwise「それ以外で，そうでないと」
◇ opportunity「機会」　◇ too … to *do*「…すぎて～できない」
◇ take advantage of ～「～をうまく利用する」
◇ in any case「とにかく，いずれにせよ」
◇ appreciate「～を高く評価する，～をありがたく思う」

問1　正解は②

問　女性の話の要点は何ですか。
① 彼女はオーストラリアで英語を使うのが難しいと感じた。
② 彼女は修学旅行で海外に行くことに価値があると考えている。
③ 彼女は日本以外の場所を旅する機会がもっと欲しいと思っていた。
④ 彼女は代わりに広島に行きたかったと思っている。

女性の１つ目の発言第３文（I've never been abroad, …）「私，海外に行ったことがないから，高校生のうちに行ければよかったなぁ」や３つ目最終文（I wish I had …）「私はそんな（＝海外の実際の状況で英語を使う）機会が欲しかったなぁ」，さらに女性の最後の発言「そんな経験，ありがたく思いなさいよ」より，彼女が修学旅行で海外に行くことに非常に魅力を感じていることがわかる。②が正解。

問2　正解は③

問　男性の話の要点は何ですか。
① 彼は日本に関する質問をされるのが嫌だった。
② 彼は国内の修学旅行がもっと長い期間であるべきだと感じた。
③ 彼は自分の修学旅行をありがたく感じることができないと思った。
④ 彼は奈良の代わりにオーストラリアに行きたかった。

男性の２つ目の発言第２文（In fact,…）「僕は国内のどこかに行ってたらよかったのにって思ってるよ」，３つ目の発言第１文（I wish I had …）「あの時，もっと日本について知っていたらよかったって感じてるんだ」や最終文（Also, I needed …）「もっと英語力が必要だったよ」より，海外に行くのは自分には早すぎたと感じていることから，③が正解。

第3章

REASONING

推測する

音声について

本章に収載している問題の音声は，下記の音声専用サイトで配信しております。

http://akahon.net/smart-start/ ⇨

アプローチ

たとえば友達から「消しゴム持ってる？」とたずねられたとき，私たちはその質問が単に「消しゴムを所有しているかどうかの確認」ではなく，「消しゴムを貸してほしい」という〈要求〉であると解釈することができます。このように，与えられた情報の背後にある〈意図〉や〈背景〉を推測するということを私たちは日常生活で普通に行っています。そして，共通テストやセンター試験の過去問においても，そうした推測がたびたび要求されています。

たとえば，次の例題を解いてみてください。

例題 1

次の問いについて対話を聞き，答えとして最も適切なものを，四つの選択肢（①～④）のうちから一つ選びなさい。2回流します。

What will the man do?

① Get a new model later.
② Get a new model now.
③ Get an old model later.
④ Get an old model now.

〔2018年度本試験　第1問　問4〕

ポイント

① **設問文を先に見て，何が問われているかを把握する。**
✔ 男性が今後，取りうる行動を予測する。
② **選択肢に目を通して，必要になりそうな情報を予測しておく。**
✔ 選択肢はすべてGetで始まっている。→new / old と later / now の区別。

▶「男性はどうするつもりですか」と問われています。時間があれば選択肢も確認しておきます。ここでは，new / old と later / now の聞き取りが重要そうです。放送された内容とその訳は以下の通りです。

放送内容

W : Our shop recommends this new phone.
M : Is there anything cheaper?
W : The earlier model's out of stock but will arrive soon. It's half the price.
M : Could you hold one for me?

訳 女性：当店では，こちらの新しい電話をお勧めしております。
男性：もっと安いのはありますか？
女性：以前のモデルは在庫切れですが，もうすぐ入荷します。半分のお値段です。
男性：一つ取っておいていただけますか？

▶この問題のポイントは，最後の男性の発言の one が earlier model「以前のモデル」のことを指しているということが理解できたかどうかということと，それを踏まえたうえで「以前のモデルを一つ取っておいていただけますか」と依頼している〈意図〉を推測しなければならない，ということです。

▶**正解は③の「旧型を後で買う」**ですが，放送では「旧型を後で買う」と明言してはいません。しかし，「以前のモデルを一つ取っておいていただけますか」と頼んでいるのは，それを購入する意図に基づいていると推測することは可能です。

▶このように，**本文で明言されている情報をもとに，その情報の〈背景〉や〈意図〉を推測させる問題**にも対応できるように，言葉が使われている**状況**を考えながら問題を解くことが必要です。次の例題では，このことを意識して解いてみてください。

例題 2

次の問いについて対話を聞き，最後の発言に対する相手の応答として最も適切なものを，四つの選択肢（①～④）のうちから一つ選びなさい。2回流します。

① So will I.
② So will you.
③ Why won't I?
④ Why won't you?

〔2016年度本試験　第2問　問13〕

ポイント

① **選択肢に目を通して，特徴を把握する。**
✔ 選択肢に省略が見られることから，会話の流れを追うとともに省略を補わなければならないと想定しておく。

② **「誰と誰が」「何について」「どのような状況で」話しているかを考える。**
✔ 孫が「眠れそうにない」と言ったことに対して祖母がどう思うかを推測しなければならない。

▶この問題では，**与えられた情報をもとに，次にどのような応答がくるかを推測することが求められています**。選択肢の特徴をできるだけ把握しておくことで，推測しやすくなります。①と②は〈so＋V＋S〉「Sもまた～」を用いています。③と④は

〈理由〉をたずねています。どの選択肢も，放送される最後の英文の内容を把握したうえで，省略されているものを補って考えなければいけません。放送された内容は以下の通りです。

放送内容
M : Summer vacation will be over soon.
W : Have you been enjoying yourself ?
M : Yeah, Grandma, but I won't be able to sleep much this week.

訳
男性：もうすぐ夏休みも終わるな。
女性：楽しんだかい？
男性：うん，おばあちゃん，でも今週はあまり眠れそうにないよ。

▶会話の流れとしては「夏休みがもうすぐ終わる」→「楽しかった？」→「楽しかったけれど，今週は寝られそうにない」となっており，これを聞いた女性（祖母）は当然，「なぜあなたは寝られそうにないのか」という疑問を抱くはずです。よって，④「なぜあなたはそうでない（＝眠れない）の？」**が正解**となります。なお，①は「私もそうする（＝眠れる）だろう」，②は「あなたもそうする（＝眠れる）だろう」，③は「なぜ私はそうでない（＝眠れない）の？」という意味です。

例題 3

次の問いについて対話を聞き，最後の発言に対する相手の応答として最も適切なものを，四つの選択肢（①〜④）のうちから一つ選びなさい。**2回流します**。

① I'm not 20 years old yet.
② I'm not 21 years old yet.
③ I thought it was 18, like my country.
④ I thought it was 21, like my country.

〔2016 年度本試験　第 2 問　問 11〕

ポイント

① **選択肢に目を通して，特徴を把握する。**
✔ すべての選択肢に数字が入っていて，①と②は自分の年齢について述べている。
✔ ③と④は it was 18 と it was 21 が何を指すのかを音声を聞いて判断しなければならない。

② **「誰と誰が」「何について」「どのような状況で」話しているかを考える。**
✔ 「私はまだ 20 歳です」が，「ビールを飲みますか？」という勧誘に対する〈拒否〉を表していることを理解しなければならない。

▶例題 2 と同様に，まずは選択肢に目を通し，上記のポイント①で挙げた内容を把握します。放送された内容は以下の通りです。

放送内容

W : Would you like some beer?
M : But, I'm only 20 years old.
W : If you're 20, you can drink alcohol in Japan.

訳
女性：ビールを飲みますか？
男性：でも，**私はまだ 20 歳です**よ。
女性：20 歳なら，日本ではお酒を飲めるんですよ。

▶この問題では，男性の I'm only 20 years old.「私はまだ 20 歳です」という発言が，単に自分の年齢を述べているのではなく，「ビールを飲みますか？」という**勧誘に対する〈拒否〉を意図したもの**であると推測することが求められています。そのことは，これに続く女性の「20 歳なら，日本ではお酒を飲めるんですよ」という発言によっても明らかです。この女性の発言は，男性が日本の飲酒可能年齢を勘違いしていることを訂正する働きをしています。ここで選択肢を読んでみましょう。

▶選択肢の訳は以下の通りです。

① 「私はまだ20歳になっていません」

② 「私はまだ21歳になっていません」

③ 「飲めるのは，私の国と同じように18歳だと思っていました」

④ 「飲めるのは，私の国と同じように21歳だと思っていました」

▶①では本文の内容に矛盾します。②では「20歳なら，日本ではお酒を飲めるんですよ」という発言を無視したことになってしまいます。③では「私はまだ20歳です」と拒否した意味がなくなります。よって，④が正解だとわかります。

例題4

次の問いについて，聞こえてくる英文の内容に最も近い意味の英文を，四つの選択肢（①～④）のうちから一つ選びなさい。2回流します。

① She is sorry we can't see the view.

② She regrets having missed the view.

③ She should have enjoyed the view.

④ She suggests that we enjoy the view.

〔第1回プレテストB　第1問A　問4〕

① 選択肢に目を通して，特徴を把握する。

✔ 主語はすべてShe。選択肢には彼女の感情や主張に関する表現が用いられているため，彼女がどのような感情を抱いているか，あるいは主張をしているかを考える。

② 「何について」「どのような状況で」話しているかを考える。

✔ 命令文「見逃すな」→「ぜひ見てほしい」という〈提案〉をしていると推測する。

ポイント

▶本問は，共通テストで新しく出題された形式です。この問題は，聞こえてくる英文から，その英文に登場する人物またはその英文を発話している人物が何をしているのか，何が起こっているのか，また，発話の意図などを推測することが求められます。

▶まずは，できるだけ選択肢に目を通しておきます。主語はすべてSheなので，読まれる英文は女性の行動について説明されているか，女性の発話だとわかります。また，選択肢の動詞に目を通すと，すべて感情や主張に関する表現が用いられているので，彼女がどのような感情を抱いているか，あるいは主張をしているかを考えて聞きましょう。

放送内容

W : Don't miss the colored leaves along the river in the fall.

訳 女性：秋のその川沿いの紅葉をお見逃しなく。

▶文頭 Don't miss ～ が「～を見逃してはいけない」という意味の否定命令文となっていますが，これは単に「命令」しているという解釈の他に，「ぜひ見てほしい」と相手に対して強く勧める意図で発せられた発話であると解釈することもできます。そのことから，④「彼女は私たちにその眺めを楽しむようにと提案している」が正解となります。

▶その他の選択肢は以下の通りです。①「彼女は私たちがその眺めを見られないことを残念に思っている」 ②「彼女はその眺めを見逃したことを後悔している」 ③「彼女はその眺めを楽しむべきであった」

▶この例題4では，対話形式で出題された例題1～3とは異なり，1文だけで発話の〈意図〉を推測することが求められています。前後関係がなく情報量が少ないため，例題1～3と比べて解釈が難しいと言えます。しかし，今後，どのような出題形式になったとしても，発話の〈意図〉を問う問題は思考力・判断力を問う問題の一環として出題されると考えられますので，〈意図〉を考えながら聞くことも心がけましょう。

演習問題

38～44 それぞれの問いについて対話を聞き，最後の発言に対する相手の応答として最も適切なものを，四つの選択肢（①～④）のうちから一つずつ選びなさい。2回流します。

38

① Oh, I forgot to go shopping.
② Oh, you should've reminded me.
③ Sure, anything but batteries.
④ Sure, the shop by the station.

〔2018年度本試験 第2問 問7〕

39

① Sure, they won the contest.
② What if you were？
③ Why don't they try？
④ You're not the only one.

〔2018年度本試験 第2問 問9〕

40

① Oh, I didn't know any of them.
② Oh, you can tell others.
③ Umm, they are not fast enough.
④ Umm, we could look it up.

〔2018年度本試験 第2問 問10〕

41

① Are most couples like that？
② Do you think so？
③ Don't mention it.
④ I'm not surprised, either.

〔2017年度本試験 第2問 問8〕

42)
① For sure.
② I fell down.
③ It will be.
④ Too bad.

〔2017 年度本試験　第 2 問　問 9〕

① Haven't you seen him before ?
② How did you forget about me ?
③ I think you may be mistaken.
④ You have the wrong number.

〔2017 年度本試験　第 2 問　問 10〕

44)
① Could you please apply on your own ?
② I was hoping you could recommend me.
③ Would you mind signing up for my class ?
④ You had better complete your application.

〔2017 年度本試験　第 2 問　問 12〕

45〜49 それぞれの問いについて対話を聞き，答えとして最も適切なものを，四つの選択肢（①〜④）のうちから一つずつ選びなさい。2回流します。

45 **On what day does this conversation take place?**

① Monday
② Tuesday
③ Wednesday
④ Thursday

〔2017年度本試験 第3問A 問15〕

46 **Where is each person now?**

① At a health food store and at a supermarket
② At a health food store and at an organic farm
③ At home and at a supermarket
④ At home and at an organic restaurant

〔2017年度本試験 第3問A 問16〕

47 **What will the man find out about his neighbor?**

① How long he has been a doctor
② What hospital he works at
③ When he started the volunteer work
④ Who he volunteers for

〔2018年度本試験 第3問A 問16〕

48 **What is the man most likely to do?**

① Buy the CD at a shop immediately.
② Buy the CD at a shop next week.
③ Download the song immediately.
④ Download the song next week.

〔2016年度本試験 第3問A 問16〕

49 **Where did this conversation most likely take place?**

① At a lost and found.
② At a training center.
③ In a glasses store.
④ In a stationery shop.

〔2015 年度本試験 第 3 問A 問 16〕

50〜52 それぞれの問いについて，対話の場面が日本語で書かれています。対話を聞き，問いの答えとして最も適切なものを，四つの選択肢（①〜④）のうちから一つずつ選びなさい。1回流します。

50 雨天の日に，高校生の男女が部活動について話をしています。

What can you guess from the conversation？

① The boy and the girl agree not to go to the gym.
② The boy and the girl like working out.
③ The boy does not want to exercise today.
④ The boy has been gone since yesterday.

〔第1回プレテストB 第3問 問17〕

51 男性がレストランで店員に話しかけています。

What is the man most likely to do？

① Finish the food.
② Order again.
③ Start eating.
④ Wait for the food.

〔第1回プレテストB 第3問 問18〕

52 語学学校に留学中の女子学生が，アドバイザーと話をしています。

What happened to the student？

① Her question wasn't answered.
② Her request wasn't accepted.
③ She was told not to give advice.
④ She was unable to make a suggestion.

〔第1回プレテストB 第3問 問19〕

53〜61 それぞれの問いについて，聞こえてくる英文の内容に最も近い意味の英文を，四つの選択肢（①〜④）のうちから一つずつ選びなさい。2回流します。

53
① I called the police.
② I have the bike key.
③ The police found the key.
④ The police lost the key.

〔第１回プレテストＢ　第１問Ａ　問１〕

54
① She is asking for the menu.
② She is cooking in the kitchen.
③ She is serving some dishes.
④ She is taking their order.

〔第１回プレテストＢ　第１問Ａ　問２〕

55
① He did better on the science exam.
② He got poor scores on both tests.
③ He scored worse on the math exam.
④ He studied enough for the tests.

〔第１回プレテストＢ　第１問Ａ　問３〕

56
① He is asking her for a manual.
② He is asking her for some help.
③ He is asking her to help an Italian.
④ He is asking her to write in Italian.

〔第１回プレテストＢ　第１問Ａ　問５〕

57
① She prefers to walk to school.
② She went to school on foot.
③ The bus arrived late this morning.
④ The bus doesn't stop at the school.

〔本書オリジナル〕

58

① She is asking about movies.
② She is making an appointment.
③ She is reserving tickets.
④ She is serving a customer.

〔本書オリジナル〕

59

① He arrived before his friend.
② He delivered some books to the library.
③ He did not keep his promise.
④ He has to remind his friend.

〔本書オリジナル〕

60

① She has recalled bringing an umbrella in the morning.
② She is warning people about bad weather.
③ She likes rainy days very much.
④ She will not come to work tomorrow.

〔本書オリジナル〕

61

① He does not know what to do next.
② He is asking for a translation.
③ He is recommending a menu item.
④ He would like to practice English.

〔本書オリジナル〕

62〜63 それぞれの問いについて，対話の場面が日本語で書かれています。対話とそれについての問いを聞き，その答えとして最も適切なものを，四つの選択肢（①〜④）のうちから一つずつ選びなさい。2回流します。

62 友達同士で買い物の話をしています。

〔第1回プレテストB　第2問　問10〕

63 ケガをした患者と医者が話をしています。

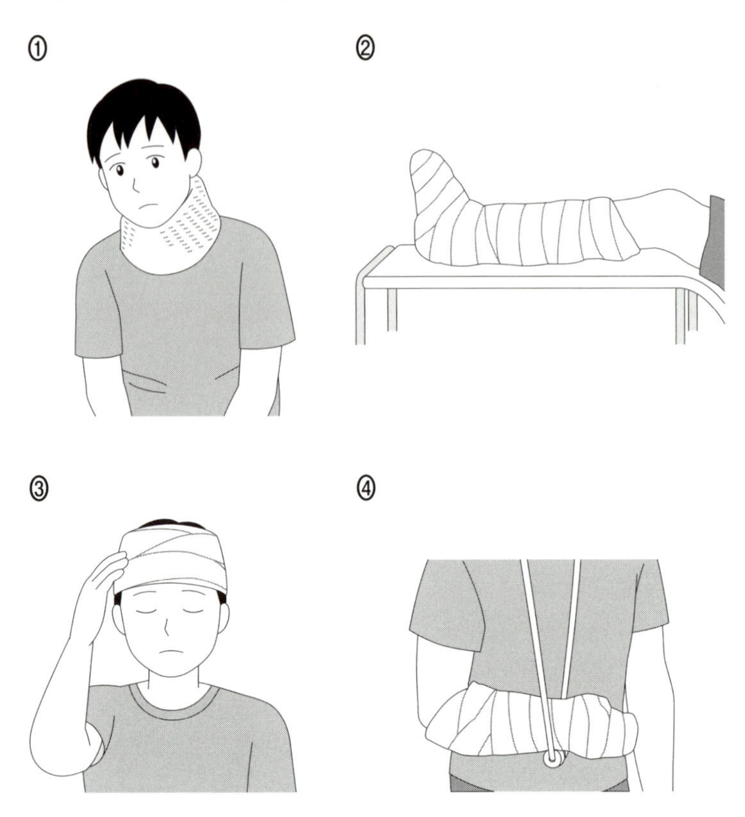

〔第1回プレテストB　第2問　問13〕

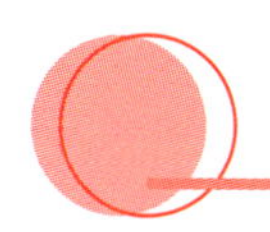

解答解説

38 正解は②

「誰と誰が」「何について」「どのような状況で」話しているかを考える。
✔ 買い物から戻った男性に，女性が「電池を買ってきてくれたか」をたずねている。→応答は「買った」「買わなかった」に該当するもの。

ポイント

① あー，買い物に行くのを忘れていたよ。
② あー，念を押して言ってくれたらよかったのに。
③ もちろん，電池以外は何でもね。
④ もちろん，駅のそばの店だよ。

放送内容 《買い物の品》
W : Ah, Marcos, there you are.
M : I just came back from the store.
W : Did you get everything ? How about the batteries ?

訳 女性：あら，マルコス，いたの。
男性：店から帰ってきたばかりだよ。
女性：全部買ってきてくれた？ 電池は？

「電池は？」に対する応答としては，「買った」または「買い忘れた」という応答を推測できるが，それを直接述べる選択肢がないことに注意し，「買った」または「買い忘れた」を意図して発せられた表現を選ばなければならない。よって，②の **「あー，念を押して言ってくれたらよかったのに」**（つまり「買い忘れた」ということ）が正解。should have *done* は「～すべきだった（のにしなかった）」の意。直訳は「あなたは私に思い出させるべきだった」。

39 正解は④

ポイント

① **選択肢に目を通して，特徴を把握する。**

✔ 選択肢に代用表現や省略が見られることから，会話の流れを追うとともに代用表現に適切な内容をあてはめたり，省略を補わなければならないと想定しておく。

② **「誰と誰が」「何について」「どのような状況で」話しているかを考える。**

✔ コンテストの結果について女性と男性の意見が一致していることを把握しなくてはならない。

① もちろん，彼らがコンテストに優勝したわ。
② あなたならどうする？
③ どうして彼らはやってみないのかしら？
④ （そう思っていたのは）あなただけじゃないわ。

放送内容 《コンテストの優勝者》

M : What did you think of the drawing contest?
W : To be honest, I'm kind of surprised Hiroshi won.
M : Right. I thought Ayako had a good chance.

訳 男性：絵画コンテストのこと，どう思った？
女性：正直なところ，ヒロシが優勝したのにはちょっとびっくりね。
男性：本当に。アヤコが有力だと思っていたんだけどな。

最後の男性の「アヤコが有力だと思っていた」への応答を選ぶが，その前の女性の「ヒロシが優勝したのにはちょっとびっくりした」という部分を聞き取って，どのような発言が続くかを推測する。2人ともコンテストの優勝者が意外な人物だったと思っているので，その思いを反映した発言は，**「（アヤコが有力だと思っていたのは）あなただけではない」**という意味になる④だけである。なお，〈the only＋名詞〉や〈the＋最上級＋名詞〉を用いる場合，通例，「何の中で」「何をした」という限定表現が必要である。そのため，この④の選択肢の You're not the only one. の後には to think so「そのように思う」が省略されていると考えなくてはならない。

40 正解は④

① **選択肢に目を通して，特徴を把握する。**
- 選択肢に代用表現や省略が見られることから，会話の流れを追うとともに代用表現に適切な内容をあてはめたり，省略を補わなければならないと想定しておく。

② **「誰と誰が」「何について」「どのような状況で」話しているかを考える。**
- 冒頭の「おじいちゃん」という呼びかけから，女性が孫であることを把握する。
- 孫の問いについて，祖父も「わからない」という状況を把握する。

ポイント

① おやおや，おじいちゃんはどっちも知らなかったよ。
② おやおや，他の人に教えてあげられるよ。
③ うーん，どちらも十分速くはないな。
④ うーん，調べてみようか。

放送内容 《孫の質問》

W : Grandpa, which runs faster, a lion or a tiger?
M : Well, which do you think is faster, Patty?
W : I'm asking because I don't know.

訳 女性：おじいちゃん，ライオンとトラだと，どっちが走るのが速いの？
男性：そうだな，どっちが速いと思うんだい，パティ？
女性：わからないから聞いてるの。

最後の「わからないから聞いてるの」という発言への応答を選ぶが，孫の最初の質問に，おじいさんはすぐに答えられていない。2人とも答えがわからないという状況を把握して，どのような発言が続くかを推測する。この流れに合うのは**「それ（=ライオンとトラのどちらが速いか）を調べてみよう」**の④。

41 正解は②

ポイント

① **選択肢に目を通して，特徴を把握する。**

✔ 選択肢に代用表現が見られることから，会話の流れを追うとともに代用表現に適切な内容をあてはめなければならないと想定しておく。

② **「誰と誰が」「何について」「どのような状況で」話しているかを考える。**

✔ 女性は冒頭ではある夫婦について触れているが，女性の意図は話し相手の男性のスペイン語の上達をほめることにある。

① たいていの夫婦って，あんなふうなの？
② そう思う？
③ どういたしまして。
④ 僕も驚かないよ。

放送内容 《スペイン語の能力》

W : Did you understand what that couple was saying in Spanish ?
M : Well, almost all of it.
W : I'm impressed ! Your Spanish seems quite advanced.

訳 女性：あの夫婦がスペイン語で話していたことがわかったの？
男性：まあ，だいたいね。
女性：すごいわね！　スペイン語，すごく上達したみたいね。

最後の「スペイン語，すごく上達したみたいね」への応答を選ぶが，これがほめ言葉であるということを把握したうえで続く表現を推測しなくてはならない。スペイン語の上達をほめられた男性の反応として，矛盾しないのは②**「そう（＝上達したと）思う？」**。③ Don't mention it.「どういたしまして」はお礼・おわびを言われたときの返答である。

42 正解は①

① **選択肢に目を通して，特徴を把握する。**

✔ 選択肢に代用表現や省略が見られることから，会話の流れを追うとともに代用表現に適切な内容をあてはめたり，省略を補わなければならないと想定しておく。

② **「誰と誰が」「何について」「どのような状況で」話しているかを考える。**

✔ 女性の「首をひねってしまった」という発言に対して男性が「医者に診てもらった方がいい」と主張している。

✔ 仮定法で「もしあなたが私だとしたらそうする？」と聞かれているので，「もし僕ならそうする」に相当する表現を考える。

ポイント

①	間違いなくそうするな。	②	僕は倒れたよ。
③	そうなるだろうな。	④	気の毒にね。

放送内容 《ケガへの対応》

W : I twisted my neck in P. E. class, and it really hurts.

M : Oh, no. Maybe you should leave school early to see a doctor.

W : Would you do that ?

訳 女性：体育の授業で首をひねってしまって，とても痛いの。

男性：それは大変だ。早退して医者に診てもらう方がいいんじゃないかな。

女性：あなただったらそうする？

最後の Would you do that ?「あなたならそうする？」という質問への応答を選ぶ。この Would は仮定法過去で，「もしあなたが私だとしたら」という想定の下に話している。もし，「僕ならそうする」と言うのであれば “I would.” と答えるはずだが，選択肢にないので，これに相当する表現を考える。また，do that「そうする」は「早退して医者に診てもらう」ことを指す。③は主語が It になっている点で不適。①が正解。for sure は動詞を修飾して「確かに」の意味になるが，単独で「もちろん」という返答として用いられることもある。

43　正解は③

「誰と誰が」「何について」「どのような状況で」話しているかを考える。
- ✔ 男性が女性に「わあ！　びっくりした！　君に会うなんてうれしいねえ」と話しかけていることから，これが電話ではなく対面状況であることを推測する。
- ✔ 女性は男性に話しかけられて困惑しているという状況を把握する。

ポイント

① あなたは以前，彼に会ったことがないのですか？
② どうして私のことを忘れたのですか？
③ お間違えじゃないかと思うんですが。
④ 番号をお間違えですよ。

放送内容　《人違い》
M : Oh ! What a surprise ! It's so good to see you. How have you been ?
W : Ah, hello... .
M : Don't you remember me ? I'm Joe, from Chicago.

訳　男性：わあ！　びっくりした！　君に会うなんてうれしいねえ。どうしてたの？
女性：あー，こんにちは…。
男性：僕のこと覚えていないの？　ジョーだよ，シカゴの。

最後の「僕のこと覚えてないの？」への応答を選ぶが，ここまでのやり取りから女性は，彼のことを覚えていない（忘れてしまった）か，最初から彼のことを知らないと推測しなくてはならない。男性の最初の発言で see you とあるため，電話のかけ間違いを指摘する④は不適切。③が正解。

44　正解は②

「誰と誰が」「何について」「どのような状況で」話しているかを考える。
- ✔ 女性の「何か私に聞きたいことがあったんですよね？」という質問に対して男性が「はい，ジョーンズ教授」と答えていることから，この 2 人が教授と学生・生徒であると推測できる。
- ✔ 男性は，大学出願に関して教授に協力を仰いでいることを把握する。

ポイント

① 自分で申し込みをしてもらえますか？
② 僕を推薦していただけないかと思いまして。
③ 私の授業に登録してもらっていいですか？
④ 志願書を完成させた方がいいですよ。

放送内容 《大学への出願》

W : Matthew, you wanted to ask me something ?
M : Yes, Professor Jones. I'm applying to this university in New Zealand.
W : Wonderful ! How can I help you with that ?

訳 女性：マシュー，何か私に聞きたいことがあったんですよね？
男性：はい，ジョーンズ教授。ニュージーランドのこの大学に出願するつもりなんです。
女性：素晴らしいわね！ 何を手助けできるかしら？

最後の「(出願に関して) 何を手助けできるかしら？」という質問への応答を選ぶので，教授に手伝ってもらいたい内容を推測する。②が適切。

45 正解は②

ポイント
① 設問文を先に見て，何が問われているかを把握する。
- 曜日に関する描写に注意して聞く。

② 「誰と誰が」「何について」「どのような状況で」話しているかを考える。
- 冒頭の男性の発言から，男性は歯科医院の職員で，女性が歯科医院に電話をしている場面だと理解する。
- 歯科検診の予約のやり取りから「明後日が木曜日」という情報を聞き取り，そこから会話がなされている曜日を推測しなくてはならない。

問 この会話は何曜日に行われていますか。

① 月曜日 ② 火曜日
③ 水曜日 ④ 木曜日

放送内容 《歯科検診の予約》

M : Happy Teeth Dental Clinic. How may I help you ?
W : I'd like to get my teeth checked.
M : OK. The earliest available time is tomorrow afternoon at 2 o'clock.
W : How about the day after tomorrow at 3 ?
M : We're closed on Thursday afternoons, I'm afraid.
W : Oh... , then, what about Thursday morning ?

訳 男性：ハッピー・ティース歯科医院です。どうなさいましたか？
女性：歯科検診をお願いしたいのですが。
男性：わかりました。空いている時間でいちばん早いのは，明日の午後2時です。
女性：明後日の3時はどうでしょうか？
男性：申し訳ありませんが，木曜日の午後は休診です。
女性：ああ，そうですか…それでは木曜日の午前はどうですか？

女性が2番目の発言で「明後日」の都合をたずねているのに対し，男性が「木曜日の午後は休診です」と答えている。明後日が木曜日なので，この会話は火曜日に行われている。②が正解。

46 正解は③

ポイント

① 設問文を先に見て，何が問われているかを把握する。

✔ 会話に登場する人物がおそらく別々の場所にいると推測できる。また，別々の場所にいてやり取りをしているということは，電話で話している可能性が高い。

② 「誰と誰が」「何について」「どのような状況で」話しているかを考える。

✔ 男性の発言の my shopping cart と，女性の発言の look in the kitchen から，2人がそれぞれどこにいるかを推測する。

問 それぞれの人は今どこにいますか。

① 健康食品店とスーパーマーケット
② 健康食品店と有機栽培農場
③ 家とスーパーマーケット
④ 家と有機栽培食材を使ったレストラン

放送内容 《購入する品物》

W：Hello？
M：Hi, Jennie. I've got the milk and yogurt in my shopping cart. What else do we need？
W：Hang on. Let me look in the kitchen.
M：OK.
W：Um .... Will you get some carrots？ And make sure they're organic.
M：Organic？ Aren't they more expensive？
W：A little bit, but it's worth it.

訳　女性：もしもし。
男性：もしもし，ジェニー。ショッピングカートに牛乳とヨーグルトを入れたんだけど。他に何か要るものはある？
女性：ちょっと待って。台所に見に行くから。
男性：いいよ。
女性：えーっと…。ニンジンを買ってくれる？　ぜったい有機栽培のにしてね。
男性：有機栽培の？　他のより高くない？
女性：ちょっとね，でもその価値があるわ。

◇ Hang on.「(電話を切らないで) ちょっと待って」
電話での会話である。女性の2番目の発言に look in the kitchen「台所に見に行く」とあるので，家にいることがわかる。また，男性は最初の発言でショッピングカートに品物を入れたと言っており，スーパーマーケットにいることがわかる。③が正解。

47　正解は③

ポイント

① 設問文を先に見て，何が問われているかを把握する。
② 「誰と誰が」「何について」「どのような状況で」話しているかを考える。
✔ 冒頭の女性の「尊敬する人にインタビューする宿題はした？」と，それに続く男性の「君は誰にインタビューした？」から，この2人がおそらく同じ授業を受けている学生であると推測できる。
✔ 女性の3番目の「どのくらいやってるの？」と，男性の最後の「それは聞かなくちゃいけないね」から，男性が隣人について調べる内容を推測する。

問　男性は，隣人について何を調べることになりますか。
① その人がどれくらいの間医師をしているか
② その人がどの病院で働いているか
③ その人がいつボランティア活動を始めたか
④ その人が誰のためにボランティアをしているか

放送内容　《インタビューの内容》

W : Did you do the homework about interviewing someone you admire ?
M : Yes. Who did you interview ?
W : My aunt. She's a doctor. How about you ?
M : My neighbor. He volunteers at an animal shelter.
W : Good for him ! How long has he been doing that ?
M : Oh, I'll have to ask him.

訳
女性：尊敬する人にインタビューする宿題はした？
男性：したよ。君は誰にインタビューしたの？
女性：おばよ。お医者さんなの。あなたは？
男性：ご近所さん。動物の保護施設でボランティアをしているんだ。
女性：すごいわね！　どのくらいやっているの？
男性：おっと，それは聞かなくちゃいけないね。

ボランティア活動をしている人へインタビューをした男性に対して，女性が，その人はそれをどのくらいやっているのかをたずねたところ，男性は I'll have to ask him.「その人に聞かなくては」と答えている。つまり，男性は，今後，インタビューした人に，ボランティア活動をしている期間を聞くことになる。始めた時期を聞く③が正解。

48 正解は②

① **設問文を先に見て，何が問われているかを把握する。**

✔ 会話の後の男性の行動について推測することが求められていると考える。

② **「誰と誰が」「何について」「どのような状況で」話しているかを考える。**

✔ 冒頭の女性の「エンジェルの新しい歌はとてもいい」と，それに続く男性の「もう CD が出ているの？」から，ある歌手の新曲と，その CD についてのやり取りであることを把握する。

ポイント

問 男性が最もしそうなことは何ですか。

① すぐに店で CD を買う。
② 来週店で CD を買う。
③ すぐに歌をダウンロードする。
④ 来週歌をダウンロードする。

放送内容 《新しい歌の入手法》

W : Angel's new song's great!
M : Is the CD already out? I thought it was coming out next week.
W : Yeah, but the song's available online.
M : Really? Maybe I should download it now.
W : But if you do that, you won't get the booklet.
M : Oh, I definitely want that! I'd better wait.

訳
女性：エンジェルの新しい歌はとてもいいわよね！
男性：もう CD が出ているの？ 来週発売だと思っていたよ。
女性：そうよ，でもその歌はオンラインで買えるの。
男性：本当？ 今ダウンロードしようかな。
女性：だけど，それじゃあ小冊子が手に入らないわ。
男性：ああ，それは絶対ほしいな！ 待った方がいいね。

新曲はもうダウンロードできるが，それでは小冊子が手に入らないと女性が忠告している。それに対し，「(来週の CD 発売を) 待った方がいい」と男性は言っている。②が正解。

49　正解は①

① 設問文を先に見て，何が問われているかを把握する。

✔ 会話の内容から場所を推測することが求められていると考えられる。

② 「誰と誰が」「何について」「どのような状況で」話しているかを考える。

✔ May I help you？を聞くと，お店にいるように思ってしまうが，この表現はお店だけではなく，他の場所でもよく使われるため，ここだけを聞いて状況を判断してはいけない。続く男性の「電車に眼鏡を忘れてしまいました」から，女性は駅員または遺失物係で，男性は乗客ではないか，と推測する。

ポイント

問　この会話はどこで行われた可能性が高いですか。

① 遺失物係で。　② トレーニングセンターで。
③ 眼鏡店で。　④ 文房具店で。

放送内容 《忘れ物の問い合わせ》

W : May I help you?
M : I left my glasses on the train yesterday.
W : On which train?
M : The four o'clock bound for Tokyo.
W : What do they look like?
M : They have round lenses with black frames.
W : Can you fill out this form? We'll contact you if someone brings them in.

訳
女性：お伺いいたしましょうか？
男性：昨日，電車に眼鏡を忘れてしまいました。
女性：どの電車でしょうか？
男性：４時の東京行きです。
女性：どんな眼鏡ですか？
男性：黒縁で丸いレンズです。
女性：この用紙にご記入いただけますか？　どなたかが持ち込まれましたら，ご連絡差し上げます。

電車に眼鏡を忘れたという男性に対して，女性は忘れた電車，眼鏡の特徴を確認したうえで，誰かが持ってきたら連絡すると告げている。①が正解。

50 正解は③

① 日本語の説明と設問文を先に見て，何が問われているかを把握する。
②「どのような状況で」話しているかを考える。
✔ 部活動に誘う女性に対して，男性の「筋肉痛がある」「風邪をひきかけているようだ」から，男性がテニスの練習に行くことに消極的であることを推測する必要がある。

ポイント

問 会話から何が推測できますか。
① 少年と少女は体育館に行かないことで同意している。
② 少年と少女はトレーニングをするのが好きである。
③ 少年は今日，運動をしたくない。
④ 少年は昨日からいない。

放送内容 《雨天時の室内練習》

M : Do we have tennis practice today?
W : Yes. We have to work out in the gym when it's raining. That's what we did yesterday, remember?
M : Yeah, my muscles still hurt from yesterday.
W : That'll go away. Let's go.
M : Actually, I think I'm getting a cold.
W : No, you're not. You always say that.

訳
男性：今日，テニスの練習ある？
女性：ええ。雨が降ったら体育館の中でトレーニングをしないといけないのよ。昨日もやったことでしょ，覚えてる？
男性：うん，昨日からいまだに筋肉痛があるよ。
女性：そんなの治るわよ。行きましょう。
男性：実は，風邪をひきかけてるようなんだ。
女性：いいえ，そんなことはないわ。あなたはいつもそう言うんだから。

◇ work out「体を動かす」 ◇ gym「体育館」
◇ go away「なくなる，（病気が）治る」

少女が2番目の発言で体育館に行きましょうと誘っているのに対し，少年は「昨日からいまだに筋肉痛があるよ」，「実は，風邪をひきかけているようなんだ」と体調不良を訴えている流れから，体育館に行きトレーニングするのを拒否しようとしている。よって，③が適切である。④ be gone「（人が）いなくなる，（物が）なくなる」

51　正解は①

① 日本語の説明と設問文を先に見て，何が問われているかを把握する。
✔ 男性のこの後の行動を推測する必要があると判断する。
② 「どのような状況で」話しているかを考える。
✔ 注文したものが届くのに時間がかかるとわかった男性の最後の Then, I'm fine with this.「では，これでいいです」という発言からこの後の行動を推測する。

ポイント

問　男性が最もしそうなことは何ですか。
① その料理を食べ終える。　② 再び注文をする。
③ 食べ始める。　④ その料理を待つ。

放送内容 《レストランでの注文トラブル》
M：Excuse me. I ordered a tomato omelet, but this is a mushroom omelet.
W：Oh. I'm very sorry. I can bring you a new one.
M：Well ... I've already started eating.
W：If you want what you ordered, I'm afraid it'll be a couple of minutes.
M：Ah, okay. Then I'm fine with this.

訳
男性：すみません。トマトオムレツを注文したんですが，これ，キノコのオムレツなんですけど。
女性：まぁ。大変申し訳ございません。新しいものをお持ちします。
男性：いや…もう食べ始めてしまってるんですよ。
女性：ご注文いただいたものをご所望でしたら，恐れ入りますが，数分お時間をいただくことになります。
男性：あぁ，わかりました。では，これでいいです。

男性は，自分が注文した料理を提供し直してもらうには時間がかかるという情報を得て，最後に Then I'm fine with this.「では，これでいいです」と答えている。this は目の前にある間違った料理を指し，男性はこの間違った料理でよいと言っているので，このままこの料理を食べる流れになるはず。①が正解。③の「食べ始める」は男性の2番目の発言「もう食べ始めてしまっている」より不適。また，男性の最後の発言 Ah, okay. を「(時間がかかっても）いいよ」ととらえて④にしないように注意。「時間がかかってもいい」と解釈してしまうと，その後に続く Then I'm fine with this.「では，これでいいです」につながらない。then には「それなら，では」，fine には「十分な，差し支えない，結構な」という意味があることを把握しておこう。

52 正解は②

① **日本語の説明と設問文を先に見て，何が問われているかを把握する。**
✔ 女子学生がアドバイザーに何かを相談しているのではないかと考えながら聞く。
② **「どのような状況で」話しているかを考える。**
✔ 女子学生に，授業で何らかの問題が発生したことを理解する。
✔ アドバイザーの that's what you'll have to do「そのようにしなければならないということです」は，アレン先生の発言を受けるので，そこから女子学生の「要求が却下された」ということを推測できるかどうかがポイント。

ポイント

問 **学生に何が起こりましたか。**
① 彼女は質問に答えてもらえなかった。
② 彼女の要望は受け入れられなかった。
③ 彼女は忠告をしないようにと言われた。
④ 彼女は提案をすることができなかった。

放送内容 《女子学生の訴え》
W : I'd like to move to an easier class. Would that be possible ?
M : You have to get permission from your teacher. Who is your teacher ?
W : Ms. Allen. She said I should stay in her class for the rest of the year.
M : Then, that's what you'll have to do.

訳
女性：**もっと簡単なクラスに移りたいと思っています**。可能でしょうか？
男性：**先生から許可をもらう必要があります**よ。あなたの担当の先生は誰ですか？
女性：アレン先生です。**彼女は私に今年度内は自分のクラスにいるようにと言いました。**
男性：では，そのようにしなければならないということですよ。

◇ permission「許可」 ◇ rest「残り」

女子学生は１番目の発言でクラスの変更を希望し，アドバイザーの男性は１番目の発言で「教師の許可が必要」と答えている。教師の許可については女子学生が２番目の発言第２文で She said I should stay in her class for the rest of the year.「彼女は私に今年度内は自分のクラスにいるようにと言いました」と述べていることから，許可が下りていないことがわかる。よって，彼女のクラス変更の希望は通らない，ということになるので，②が正解である。①は女子学生の１番目の発言（質問）に対し，アドバイザーはきちんと答えているため不適。

53 正解は③

ポイント
① 選択肢に目を通して，特徴を把握する。
✔ 主語はIまたはThe police。the（bike）keyをどうしたか。
② 「何について」「どのような状況で」話しているかを考える。
✔ 「失くした自転車の鍵を警察が持っている」から「警察が鍵を見つけた」という内容を推測しなくてはならない。

① 私が警察に電話した。	② 私は自転車の鍵を持っている。
③ 警察が鍵を見つけた。	④ 警察が鍵を失くした。

放送内容 《警察からの電話》
M：The police just called and told me they have the bike key I lost.

訳 男性：警察はちょうど私に電話をしてきて，私が失くした自転車の鍵を持っていると言った。

文頭 The police … called より①は不適。後半の they have the bike key I lost「彼ら（＝警察）が，私が失くした自転車の鍵を持っている」より，「**警察が鍵を見つけた**」と言い換えてある③が正解。the bike key I lost の部分は the bike key（which）I lost と関係代名詞の省略が起こっており，I lost は the bike key の説明となっている。

54 正解は④

ポイント
① 選択肢に目を通して，特徴を把握する。
✔ 主語はすべてSheなので動詞を確認しておく。選択肢が現在進行形で書いてあることから，今，何の動作を行っているところなのかを考えて聞く。
② 「何について」「どのような状況で」話しているかを考える。
✔ 「こちらがメニューでございます」からレストランの店員による発話であること，注文を取っているということを推測しなければならない。

① 彼女はメニューを要求している。
② 彼女は台所で料理をしている。
③ 彼女は料理を出している。
④ 彼女は注文を取っている。

放送内容 《レストランでの注文》

W : Here are your menus. Today's specials are beef and chicken. Can I get you something to drink first ?

訳 女性：こちらがメニューでございます。本日のお勧めは牛肉と鶏肉です。先に何かお飲み物をお持ちしましょうか？

第1文 Here are your menus. よりメニューを相手に手渡している場面であると判断し，④を選ぶ。メニューの説明をしていることからもわかる。take *one's* order「注文を取る」

55 正解は②

① 選択肢に目を通して，特徴を把握する。

✔ 主語はすべて He。キーワードは，the science exam，poor scores，both tests，the math exam。

② 「何について」「どのような状況で」話しているかを考える。

✔ 「数学の試験が悪かった」＋「理科の試験はさらに悪かった」→「両方悪かった」と判断する。

ポイント

① 彼は理科の試験の方がよい点数を取れた。
② 彼は両方の試験で悪い点数を取った。
③ 彼は数学の試験の方が点数が悪かった。
④ 彼は試験に向けて十分に勉強をした。

放送内容 《数学と理科の試験結果》

M : Tom didn't do well on the math exam and did even worse on the science one.

訳 男性：トムは数学の試験でよい点数を取れなかったが，理科の試験はもっと悪い点数であった。

◇ do well［badly］on the exam「テストでよい［悪い］点数を取る」

◇〈even＋比較級〉は比較級の強調表現。「ずっと〜な，もっと〜な」

前半より数学の試験の点数が悪かったことがわかる。後半の did even worse on the science one の one は exam を指し（the math exam : the science one），did even worse の worse は badly の比較級であることから，数学よりも理科の試験の点数の方が悪かったと解釈できる。この2つの条件に当てはまるのは②である。

56 正解は②

① **選択肢に目を通して，特徴を把握する。**
✔ 主語はすべて He。男性が何を頼んでいるかを把握する。
② **「何について」「どのような状況で」話しているかを考える。**
✔ was wondering という過去進行形は「助けていただけるかどうか疑問に思っていた」と過去の事実について話しているように思えるが，これは婉曲表現の一種で，時制を過去にずらすことで「より丁寧に依頼している」ことを表している。

ポイント

① 彼は彼女に取扱説明書を求めている。
② 彼は彼女に助けを求めている。
③ 彼は彼女にイタリア人を手伝うよう頼んでいる。
④ 彼は彼女にイタリア語で書くよう頼んでいる。

放送内容 《手伝いの依頼》
M：Mrs. Rossi, I was wondering if you could help me read this manual written in Italian.

訳 男性：ロッシさん，イタリア語で書かれているこの取扱説明書を読むのを手伝ってもらえませんか。

◇wonder if S could V「SがVしてくれないかと思う」
◇help *A* (to) *do*「*A*が～するのを手伝う」

I was wondering if you could help me read this manual「私がこの取扱説明書を読むのを手伝ってもらえませんか」より，相手に対して助けを求めているとわかる。②が正解。本問では help，manual，Italian の3つの語が耳に残るが，これらの語はすべての選択肢に含まれてしまっている。実際には if you could help me read this manual「私がこの取扱説明書を読むのを手伝ってもらえないか」の部分が ask her for some help「彼女に助けを求める」と言い換えられている。放送文後半の written in Italian は直前の this manual を修飾して「イタリア語で書かれたこの取扱説明書」と意味をとる。①・② ask *A* for *B*「*A*に*B*を（くれるよう）求める，頼む」③・④ ask *A* to *do*「*A*に～するよう頼む」

57 正解は②

① **選択肢に目を通して，特徴を把握する。**
✔ 主語は She か The bus。「彼女がどうしたか・どうするか」，「バスがどうしたか・どうするか」に注意。
② **「何について」「どのような状況で」話しているかを考える。**
✔ 「バスに乗り遅れた」+「歩いていかなければならなかった」→「歩いていった」と判断する。

ポイント

① 彼女は学校に歩いていく方が好きだ。
② 彼女は学校まで徒歩で行った。
③ バスは今朝，遅れて到着した。
④ バスは学校で停まらない。

放送内容 《今朝の通学状況》
W : I missed the bus and had to walk to school this morning.

訳 女性：私は今朝，バスに乗り遅れ，学校まで歩いていかなければならなかった。

walk to ～は「～（場所）へ歩いていく」の意。放送文後半の and had to walk to school「学校まで歩いていかなければならなかった」の主語は文頭の I，つまり話し手の女性となる。②の on foot は「徒歩で」という意味なので，②が正解。なお，have to *do*「～しなければならない」の過去形は「～しなければならなかった（ので実際にした）」という意味が含まれる。

58 正解は④

① **選択肢に目を通して，特徴を把握する。**

✔ 主語はすべて She なので動詞を確認しておく。選択肢が現在進行形で書いてあることから，今，何の動作を行っているところなのかを考えて聞く。

② **「何について」「どのような状況で」話しているかを考える。**

✔ Would you like me to *do*～?「(私が)～しましょうか？」という表現から，女性が接客中であることを推測しなければならない。

ポイント

① 彼女は映画についてたずねている。
② 彼女は（面会の）予約を取っている。
③ 彼女はチケットを予約している。
④ 彼女は客の対応をしている。

放送内容 《新商品を提案する店員》

W : Some new models have come in today. Would you like me to show them to you?

訳 女性：今日，新作がいくつか入りました。ご覧になりますか？

◇come in「S が入ってくる，S を入荷する」

第 2 文 Would you like me to show them to you? の意味に注意。Would you like me to *do*? は「(私が)～しましょうか？」という提案の表現。「それら（＝new models）をあなたにお見せしましょうか？」と相手にたずねていることから，店員が新商品を顧客に勧めている場面であると考えられるため，④が正解。Would you like to *do*?「(あなたは)～したいですか？」という表現とよく似ているため，注意が必要である。

59 正解は③

ポイント

① **選択肢に目を通して，特徴を把握する。**

✔ 主語はすべて He なので，彼が何をした（する）のかを聞き取る。選択肢には「友人」「本」「図書館」「約束」という名詞が見られる。

② **「何について」「どのような状況で」話しているかを考える。**

✔ 「会うことにしていた」+「行かなかった」→「約束を破った」と推測する。

① 彼は友人より前に到着した。
② 彼は図書館に本を数冊届けた。
③ 彼は約束を守らなかった。
④ 彼は友人に忘れないよう言わなければならない。

放送内容 《約束の失念》

M : Ralph agreed to meet his friend in the library after school, but he forgot to go there.

訳 男性：ラルフは放課後，図書館で友人と会うことにしていたが，**そこに行くのを忘れてしまった。**

◇ agree to *do*「～することにする，～するのに同意する」

forget to *do* で「～し忘れる」の意。会う約束をしたものの，結局そこ（＝図書館）へ行かなかったと述べていることから，③が正解。keep *one's* promise「約束を守る」 ④ remind「（人）に思い出させる」

60 正解は②

① **選択肢に目を通して，特徴を把握する。**
✔ 主語はすべて She なので，動詞（「思い出す」「注意している」「好き」「来ない」）を確認しておく。
② **「何について」「どのような状況で」話しているかを考える。**
✔ 命令文 Remember to *do*.「～するのをお忘れなく」という表現から，この発話の意図が「注意喚起」であると解釈する。

ポイント

① 彼女は午前中，傘を持って来たことを思い出した。
② 彼女は人々に悪天候について注意を促している。
③ 彼女は雨の日がとても好きだ。
④ 彼女は明日，仕事に来ないことになっている。

放送内容 《天気予報》
W : Remember to bring an umbrella with you tomorrow.

訳 女性：明日は傘を持って行くのをお忘れなく。

remember to *do* が今回のように命令文で用いられると，「～するのを覚えておいて，～するのを忘れないように」という注意喚起の意味になる。よって②が正解。warn「～に警告する」 ①の recall *doing* は「～したことを思い出す」の意。

61 正解は②

① **選択肢に目を通して，特徴を把握する。**
✔ 主語はすべて He なので，動詞（「知らない」「求めている」「勧めている」「練習したい」）を確認しておく。
② **「何について」「どのような状況で」話しているかを考える。**
✔ I don't suppose ～？という表現から，依頼していることを把握する必要がある。

ポイント

① 彼は次にどうしたらいいかわからない。
② 彼は翻訳文を要求している。
③ 彼はあるメニュー項目を勧めている。
④ 彼は英語の練習をしたがっている。

放送内容 《レストランでの一幕》

M：I don't suppose you have an English version of the menu？

訳 男性：もしかしてメニューの英語版があったりしませんか？

I don't suppose (that) SV ～？は「～するのは無理でしょうかね？」という意味で，そこから「～していただけませんか？」という控えめな依頼の表現として用いられる。よって男性は英語版，つまり翻訳されたメニューがあるなら見せてほしいと示唆していることから，②が正解。

62 正解は③

ポイント

① 日本語の説明とイラストを先に見て，必要になりそうな情報を予測しておく。

✔「買い物の話」なのでイラストに描かれている品物が購入した（または購入したい）ものではないかと考える。

② 「何について」「どのような状況で」話しているかを考える。

✔ 女性の2回目のDo you like running？「走るのが好きなの？」という発言から，男性が走ることに関連した品物を購入したことを推測する。

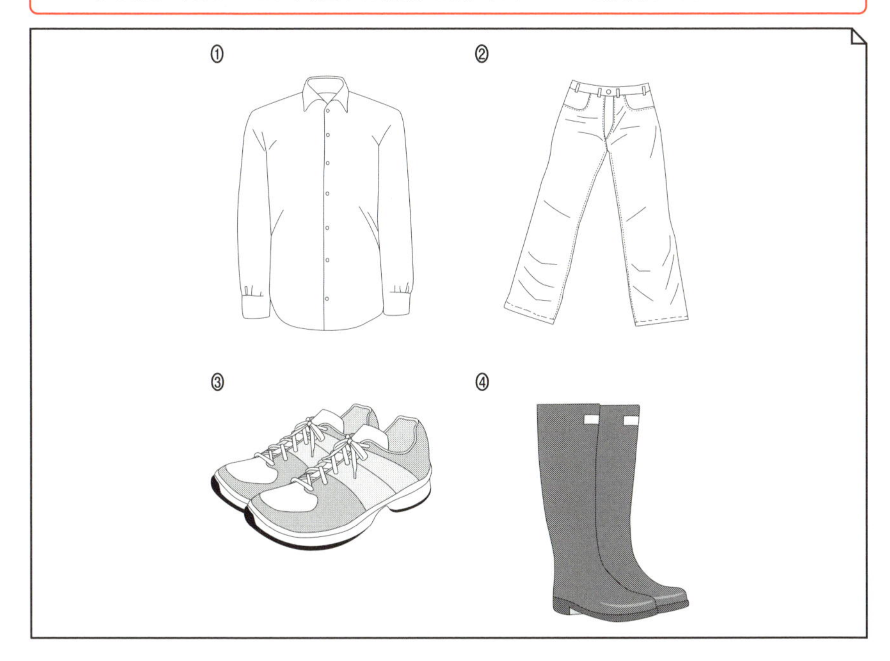

放送内容　《少年の買い物》

W : What did you buy ?
M : I looked at some jeans and shirts but got these in the end.
W : Nice ! Do you like running ?
M : Not really, but the design looked cool.

Question : What did the boy buy ?

訳　女性：あなたは何を買ったの？
男性：ジーンズとシャツをいくつか見たんだけど，最終的にはこれを買ったよ。
女性：素敵ね！　走るのが好きなの？
男性：そうでもないんだけど，デザインがかっこよく見えたんだよね。

質問：少年は何を買ったのか。

男性が got these in the end「最終的にはこれを買ったよ」と言ったのを受けて，女性が Do you like running ?「走るのが好きなの？」とランニングを話題にしていることから，ランニングを目的とした靴を買ったと考えられるため，③が正解となる。got these in the end の部分はかなり聞き取りづらく，話の流れからも理解しづらいかもしれないが，直前に聞こえる jeans「ジーンズ」や shirts「シャツ」といった語の直後に but と逆接の接続詞が続くことから，①，②ではないと判断できる。

63　正解は④

ポイント

① 日本語の説明とイラストを先に見て，必要になりそうな情報を予測しておく。
✔「ケガをした患者と医者」の会話で，ケガの部位を特定することが求められているとイラストから判断する。
② 「何について」「どのような状況で」話しているかを考える。
✔ 男性の How will I take notes in class ?「どうやってメモを取ったらいいのか？」という発言から「メモを取るために使う体の部位」をケガしたと推測する。

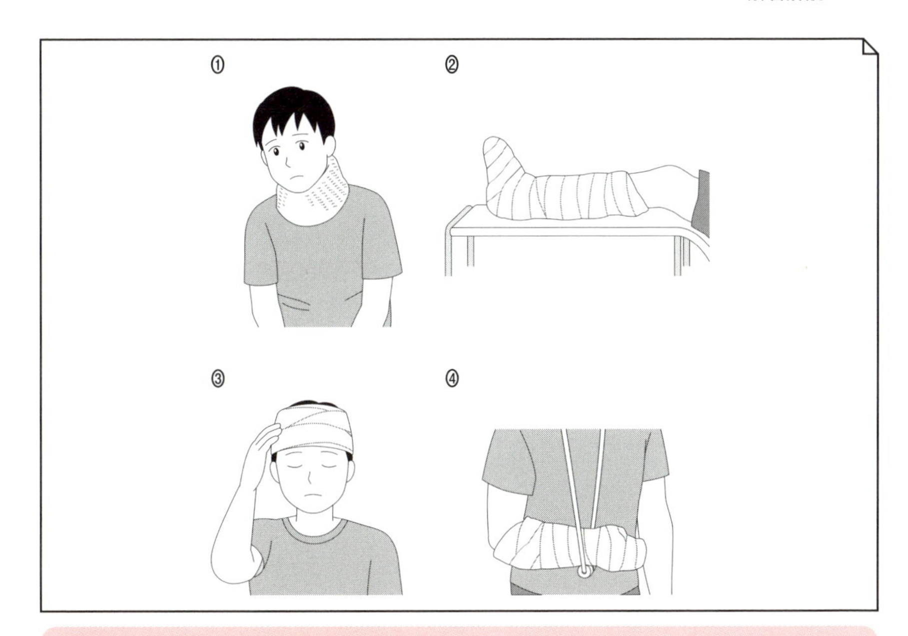

放送内容 《ケガをした患者と医者の会話》

M : How long do I have to wear this ?

W : At least six weeks.

M : How will I take notes in class, then ?

W : You'll have to talk to your teacher about that.

Question : Which picture shows the patient's condition ?

訳 男性：どのくらいの間，これをつけなければならないのですか？

女性：少なくとも6週間ね。

男性：では，授業中，どうやってメモを取ったらいいんでしょうか？

女性：それについては学校の先生に聞いてみないといけないでしょうね。

質問：患者の症状を示している絵はどれか。

会話中ではっきりとは述べられていないが，男性の発言の2番目 How will I take notes in class, then?「では，授業中，どうやってメモを取ったらいいんでしょうか？」より，メモを取るのが困難な状況に陥っているとわかるため，手を怪我していると考えられる。④が正解。

GENERAL TRAINING

総合問題

音声について

本章に収載している問題の音声は，下記の音声専用サイトで配信しております。

http://akahon.net/smart-start/ ⇨

アプローチ

ここまで，第1～3章において，次のようなことを演習してきました。

第1章：情報を選び出す

まずは，リスニング問題を解くうえでの基礎である「設問の指示に従って，本文から必要な情報を選び出すこと」を学びました。そして様々なタイプの演習問題を解き，設問で求められることを把握したうえで，必要な情報を的確に聞き取る練習を積みました。

第2章：つながりを理解する

表現の言い換えや論理的な関係に着目して，前後の「つながり」を理解できているかを問う問題を解き，より正確に英文の内容を理解する練習を積みました。

第3章：推測する

「与えられた情報から推測する力」が求められる問題を解き，会話の背景や次の展開を予測したり，相手の意図を理解する練習を積みました。これは，日常のコミュニケーションの場でも求められる力です。

この章では，これまで演習してきたことすべてを生かして，「総合問題」に挑戦してみましょう。

なお，本書に掲載したセンター試験の過去問では，試験の時と同じように音声を2回放送するものもありますが，共通テストでは長い会話や講義，モノローグについては放送が1回のみです。1回読み，2回読みの配分は今後変わることもあるかもしれませんが，今のところ1回読みの問題が大半を占めています。2回読まれるセンター試験の過去問でも，極力，1回目で解答できるように練習しておきましょう。

演習問題

長めの会話を一つ聞き，問１から問３の答えとして最も適切なものを，四つの選択肢（①～④）のうちから一つずつ選びなさい。１回流します。

> 会話の場面
> 大学生の Tokiko，Justin，Karen が国際交流センターで話し合いをしています。

問１ **What is Justin most concerned about？**

① Academic preparations
② Cultural aspects
③ Personal safety
④ Travel arrangements

問２ **What is Tokiko's advice regarding what to pack？**

① Bring enough money to last the trip.
② Consider the climate of your destination.
③ Make sure your suitcases are not too heavy.
④ Take a journal to write about experiences.

問３ **Which of the following best describes the conversation？**

① They all shared personal episodes.
② They came to a definite conclusion.
③ They debated the value of studying abroad.
④ They each emphasized a different point.

〔2018 年度本試験　第４問Ｂ〕

長めの対話を一つ聞き，問1から問3の答えとして最も適切なものを，四つの選択肢（①～④）のうちから一つずつ選びなさい。1回流します。

対話の場面
　二人の学生が掲示板のポスターを見ながら，どのプログラムに応募するかを話しています。

Summer Volunteer Programs

Produce a music festival in INDONESIA	Dig wells in BOLIVIA
 **Dates:** July 1 – August 10 **Requirements:** Intermediate level of English Leadership skills	 **Dates:** July 30 – August 31 **Requirements:** Physical strength Willingness to work outdoors
Teach Japanese in AUSTRALIA	**Restore an old castle in POLAND**
 **Dates:** August 1 – September 1 **Requirements:** Advanced level of Japanese Teaching experience	 **Dates:** August 3 – September 10 **Requirements:** Interest in architecture/history Willingness to learn new skills

問1 **Which program does the woman refer to first in the conversation?**

① The one in Bolivia
② The one in Brazil
③ The one in Indonesia
④ The one in Portugal

問2 **Which country is the man most likely to apply to go to?**

① Australia
② Bolivia
③ Indonesia
④ Poland

問3 **Which activity is the woman most likely to do?**

① Dig wells.
② Produce a festival.
③ Restore a castle.
④ Teach Japanese.

〔2017年度本試験　第3問B〕

66 授業でワークシートが配られました。グラフについて，先生の説明を聞き，以下の図の四つの空欄A～Dにあてはめるのに最も適切なものを，四つの選択肢（①～④）のうちから選びなさい。1回流します。

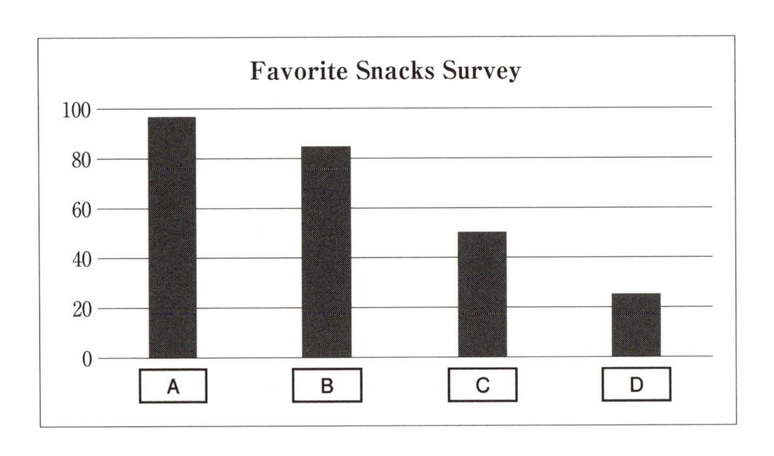

① Chocolate
② Fruit
③ Potato chips
④ Vegetables

〔第1回プレテストB 第4問A 問20〕

67 こども向けの英語キャンプを開催するにあたり，参加者をチームに分けます。リーダーの説明を聞き，以下の表の四つの空欄A～Dにあてはめるのに最も適切なものを，四つの選択肢（①～④）のうちから選びなさい。ただし，選択肢は二回以上使ってもかまいません。1回流します。

Teams
① Blue
② Green
③ Red
④ Yellow

Family name	Given name	Length of experience in an English-speaking country	Team
ABE	Takahiro	3 years	A
BABA	Maki	4 years	
HONDA	Naoki	None	B
KITANO	Azusa	1 year	
MORI	Saki	None	C
NODA	Sho	3 weeks	
UENO	Rei	6 months	D
WATARI	Takeru	2 years	

〔第1回プレテストB　第4問A　問21〕

68 それぞれの問いの答えとして最も適切なものを，選択肢のうちから選びなさい。

［状況と問いを読む時間（約60秒）→問1～問3リスニング（1回流します。）→解答→問4リスニング（1回流します。）→解答］

Part 1

状況
アメリカの大学で，服と環境の関わりについて，講義を聞いています。

ワークシート

○ Today: 80 billion new pieces of clothing
↑ increased by 400%
20 years ago

○Why? → (1)

○The life of cheaply-produced clothing—avg. 2.2 years

○The environmental impact: 2

Methods	Fibers	Impacts
burning	A	X
burying	non-natural	Y → earth
	B	methane during breakdown
	C	Z → underground water

問1　ワークシートの空欄［ 1 ］を埋めるのに最も適切なものを，四つの選択肢（①～④）のうちから一つ選びなさい。

① carefully produced and expensive clothes
② cheaply produced and inexpensive clothes
③ poorly produced and short-lasting clothes
④ reasonably produced and long-lasting clothes

問2　ワークシートの表［ 2 ］の空欄Ａ～Ｃ及びＸ～Ｚを埋めるのに最も適切な語句はどれか。Fibersの空欄Ａ～Ｃのそれぞれにあてはまるものを二つの選択肢（①と②）のうちから，Impactsの空欄Ｘ～Ｚのそれぞれにあてはまるものを三つの選択肢（③～⑤）のうちから選びなさい。①と②は二回以上使われることがあります。

空欄Ａ～Ｃ：
① natural
② non-natural

空欄Ｘ～Ｚ：
③ chemicals used in production
④ many years to break down
⑤ CO_2 in the air

問3　講義で話されていると考えられる主張はどれか，四つの選択肢（①～④）のうちから一つ選びなさい。

① Cotton clothes are better because they produce less CO_2 and are more easily broken down than polyester clothes.
② It is better to burn textile waste than to bury it underground because harmful chemicals can damage the earth.
③ Many clothes are not recycled or reused, so buying clothing wisely could contribute to protecting the environment.
④ We should avoid buying unnecessary clothing because chemicals are used during the production process.

Part 2

問4　講義の続きを聞いて以下の図表から読み取れる情報と，先の講義の内容を総合して，どのようなことが示唆されるか，四つの選択肢（①～④）のうちから一つ選びなさい。

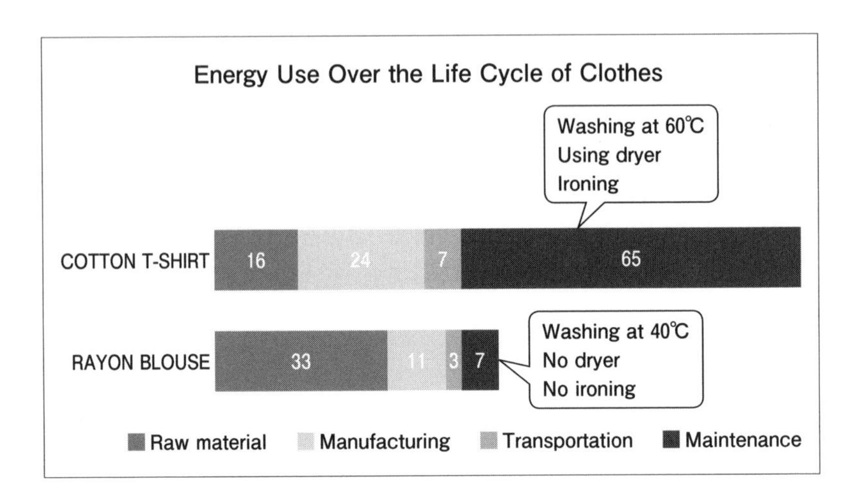

① Cotton T-shirts are better for the earth when they are made out of chemical-free fibers.

② It is important not only to think of what clothes to buy but how to take care of them.

③ Rayon blouses can be recycled and as a result, last longer than cotton T-shirts.

④ We should wear natural-fiber clothing as it is friendly to the environment.

〔第1回プレテストB　第5問〕

69 問１(a)～(c)と問２の２問です。講義を聞き，それぞれの問いの答えとして最も適切なものを，選択肢のうちから選びなさい。状況と問いを読む時間（約60秒）が与えられた後，音声が流れます。１回流します。

状況
　あなたはアメリカの大学で，技術革命と職業の関わりについて，ワークシートにメモを取りながら，講義を聞いています。

ワークシート

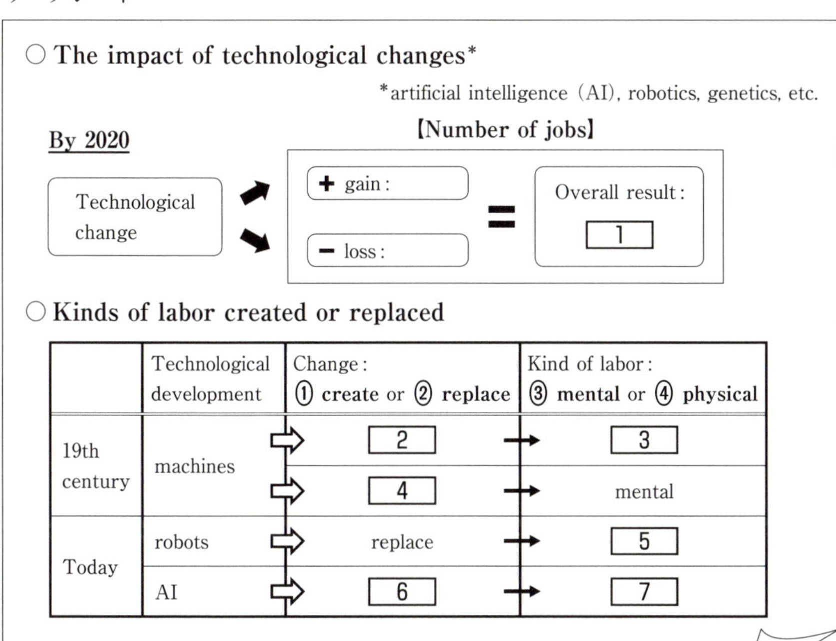

	Technological development	Change : ① create or ② replace	Kind of labor : ③ mental or ④ physical
19th century	machines	2	3
		4	mental
Today	robots	replace	5
	AI	6	7

問1　(a)　ワークシートの空欄［ 1 ］にあてはめるのに最も適切なものを，六つの選択肢（①～⑥）のうちから一つ選びなさい。

① a gain of 2 million jobs
② a loss of 2 million jobs
③ a gain of 5 million jobs
④ a loss of 5 million jobs
⑤ a gain of 7 million jobs
⑥ a loss of 7 million jobs

問1　(b)　ワークシートの表の空欄［ 2 ］～［ 7 ］にあてはめるのに最も適切なものを，四つの選択肢（①～④）のうちから一つずつ選びなさい。選択肢は2回以上使ってもかまいません。

① create　② replace　③ mental　④ physical

問1　(c)　講義の内容と一致するものはどれか。最も適切なものを，四つの選択肢（①～④）のうちから一つ選びなさい。［ 8 ］

① Machines are beginning to replace physical labor with the help of robots.
② Mainly blue-collar workers will be affected by the coming technological changes.
③ Two-thirds of the number of women working at an office will lose their jobs.
④ White-collar workers may lose their present jobs because of AI developments.

問2　講義の続きを聞き，下の図から読み取れる情報と講義全体の内容から，どのようなことが言えるか，最も適切なものを，四つの選択肢（①～④）のうちから一つ選びなさい。 9

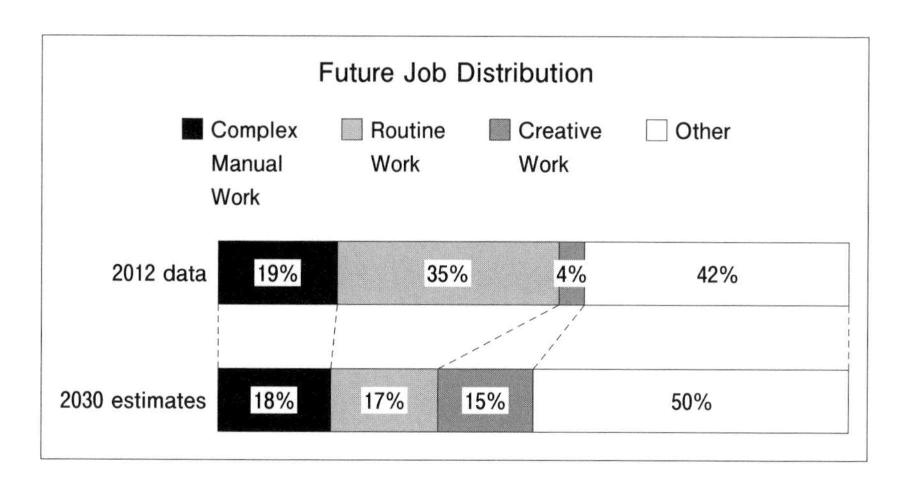

① Complex manual work will be automated thanks to the technological revolution.

② Jobs in the STEM fields will not increase even though they require creative work.

③ Mental work will have the greatest decrease in percentage.

④ Not all physical work will be replaced by robots and AI.

〔第2回プレテスト　第5問〕

　英文を聞き，二つの問いに答えなさい。1回流します。

Part 1

状況 　学生たちが授業で，炭水化物（carbohydrates）を積極的に摂取することに対して賛成か反対かを述べています。

問1　四人の意見を聞き，賛成意見を述べている人を四つの選択肢（①～④）のうちからすべて選びなさい。正解となる選択肢は一つとは限りません。

① 学生1
② 学生2
③ 学生3
④ 学生4

Part 2

問2 さらに別の学生の意見を聞き，その意見の内容と合う図を四つの選択肢（①～④）のうちから一つ選びなさい。

図1

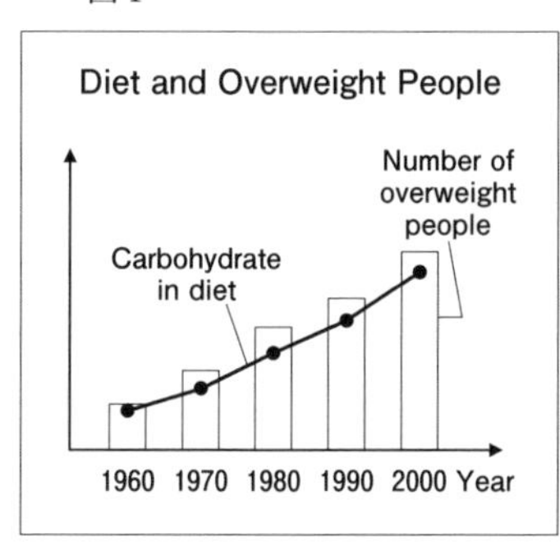

図2

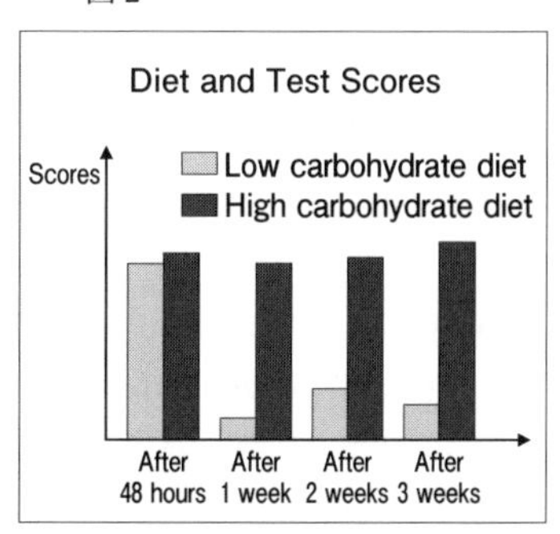

図3

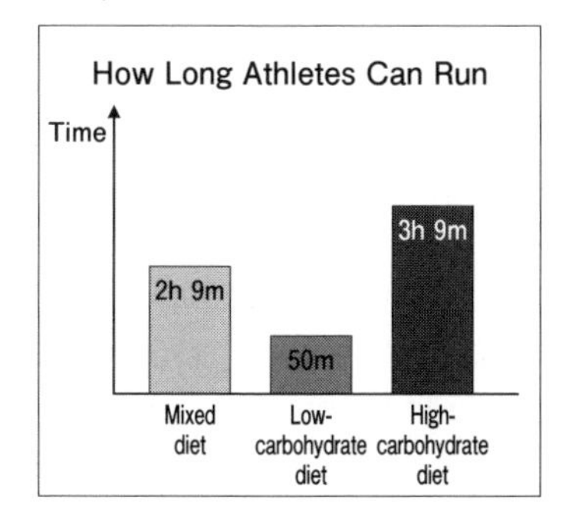

図4

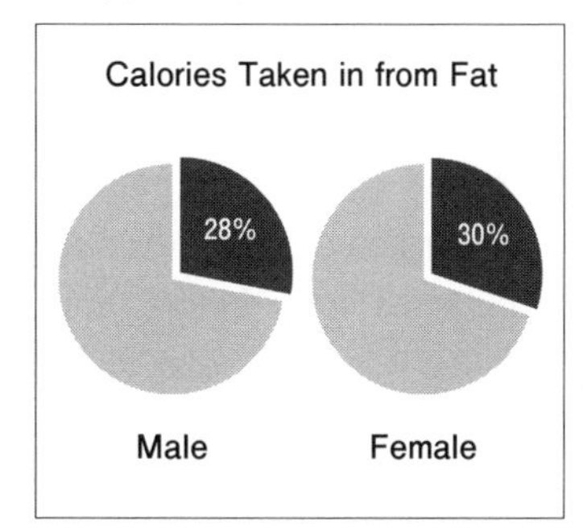

① 図1
② 図2
③ 図3
④ 図4

〔第1回プレテストB　第6問B〕

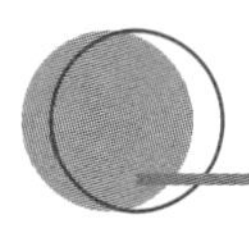

解答解説

64

放送内容 《留学する学生のための小冊子作り》

Tokiko : Thanks for coming to the meeting. The international programs office has asked us to put together a booklet for students going abroad. Since all of us have studied abroad, they think our suggestions will help other students get ready. Justin, what do you think we should include ?

Justin : Well, Tokiko, we need to focus on practical items first. For instance, sometimes it takes a while to get passports and visas. We could suggest they start that process early. Also, they'll need a health check and travel insurance. Karen, did you have something to add ?

Karen : Yeah, I'm thinking about cultural aspects. Don't they need to know some history or study about the society and learn the local customs long before they leave ? Maybe they should consider these things in order to choose a country of destination.

Tokiko : That's right, Karen. Preparing to live there has to come first. Also, what they pack in their suitcases depends a lot on where they go. That's a really fun part—deciding what to take. In my experience I was glad I took light clothing I could wear in layers, rather than heavy, winter clothes.

Justin : OK, but there are still other things to do before you actually pack. What about airline tickets ? Getting tickets early can save money, and there'll be more choices of dates. So I think that also needs to be on the list.

Karen : That's true, Justin, but you really shouldn't buy tickets until you're sure you have permission to live there .... Oh, I know what else we could do ! Maybe we can include short essays or personal stories about our experiences and host families. It might help students get mentally prepared.

Tokiko : That's an option .... Well, we're getting there, but we still have a long way to go.

訳

トキコ：ミーティングに来てくれてありがとう。国際交流プログラムの事務室から，海外に行く学生のための小冊子を作ってほしいという依頼があったの。私たちはみんな留学の経験があるから，私たちの提案は他の学生が準備をする手助けになるだろうと事務室は考えているようね。ジャスティン，どんな項目を含めるべきだと思う？

ジャスティン：そうだな，トキコ，まず**実際的な項目**に焦点を置く必要があるね。たとえば，**パスポートやビザを取得する**のにしばらく時間がかかることもあるよ。そういう作業は早めに開始するべきだと提案できるんじゃないかな。それと，**健康診断と旅行保険が必要**だよね。カレン，何か付け加えることがあった？

カレン：ええ，**私は文化的な側面のことを考えてる**の。出発のかなり前に，歴史をちょっと知っておいたり，その社会のことを勉強したり，地元の習慣を調べたりしておく必要があるんじゃないかしら？たぶん，行く国を選ぶためには，こういうことを考慮すべきだわ。

トキコ：そのとおりね，カレン。現地で暮らす準備をすることを，最初にしないといけないわね。それから，**スーツケースに詰めるものも，どこへ行くかに大きく左右される**わ。本当に楽しい部分よね――何を持って行けばいいか決めるのは。私の経験だと**分厚い冬服より，重ね着のできる薄い服を持って行ったのがよかった**わ。

ジャスティン：いいね。でも実際に荷造りする前にやらなくちゃいけないことが他にもあるよ。**航空券**はどう？　早めに航空券を取っておくと，お金の節約になるし，日付の選択の幅も広がるよ。だから，そのこともリストに入れる必要があると思うな。

カレン：そうね，ジャスティン。でも，現地で暮らす許可が間違いなく出るとわかるまでは航空券は買わない方がいいんじゃないかしら…。あ，まだ他に私たちにできることがあるわ！　私たちの経験やホームステイ先の家族について，短いエッセイや個人的な話を入れてもいいんじゃないかしら。学生が心の準備をする手助けになるかもしれないでしょ。

トキコ：それもありね…。はい，もう一息というところだけれど，まだやることはたくさんあるわ。

◇put together ～「～を作る，組み立てる」
◇be getting there「目的を達成しつつある，もう一息である」

3人による会話。女性は2人登場するが，どちらがカレンでどちらがトキコなのかは，次の話者による名前の呼びかけを聞くまでわからない。メモを取りながら「誰が」「何について」「どのような意見」を述べているのかを把握することに集中しよう。

ADVICE

問1　正解は④

問　ジャスティンが最も気にかけていることは何ですか。

① 学業的な準備　② 文化的側面

③ 個人の安全　④ 旅行の手はず

ジャスティンの最初の発言第2文（For instance, sometimes …）に「パスポートやビザの取得」，第4文（Also, they'll need …）に「健康診断，旅行保険」，2番目の発言第2～最終文（What about airline …）に「航空券」のことが挙がっている。いずれも旅行に行くために必要な practical items「実際的な項目」である。④が正解。arrangement「準備，手はず，手配」

問2　正解は②

問　荷物に入れるべきものに関するトキコの助言はどのようなことですか。

① 旅行の終わりまでもつだけの十分なお金を持って行く。

② 目的地の気候を考慮する。

③ スーツケースが重くなり過ぎないようにする。

④ 経験を書くための日誌を持って行く。

トキコの2番目の発言第3文（Also, what they …）に「スーツケースに詰めるものも，どこへ行くかに大きく左右される」，最終文（In my experience …）に「分厚い冬服より，重ね着のできる薄い服を持って行ったのがよかった」とあり，現地の気候に合わせた服装の準備を示唆している。②が正解。

問3　正解は④

問　この会話の様子を最もよく表しているのは次のどれですか。

① 彼らは全員個人的なエピソードを話した。

② 彼らははっきりとした結論に至った。

③ 彼らは留学の価値を議論した。

④ 彼らはそれぞれ異なる点を強調した。

ジャスティンは実際的な旅行の手続きのこと，カレンは文化的なこと，トキコはスーツケースに詰めるものと，注目している点がそれぞれ異なる。④が正解。

対話の場面

二人の学生が掲示板のポスターを見ながら，どのプログラムに応募するかを話しています。

サマー・ボランティア・プログラム

インドネシアで音楽祭プロデュース	ボリビアで井戸掘り

日程：7月1日－8月10日 条件：中級程度の英語 統率力	日程：7月30日－8月31日 条件：体力 屋外で仕事をする意欲
オーストラリアで日本語教育	**ポーランドで古城修復**

日程：8月1日－9月1日 条件：上級レベルの日本語 教授経験	日程：8月3日－9月10日 条件：建築・歴史への関心 新しい技能を学ぶ意欲

放送内容 《サマー・ボランティア・プログラムへの応募》

M：Have you decided which program to apply for?

W：This one looks really exciting. My brother did something similar in Brazil and Mexico. He helped organize events there without knowing Portuguese or Spanish.

M：Well, you would be a good leader, too.

W：Thanks, but there's a problem with the dates. I can't really go before mid-July.

M：How about this one? That's what I'd like to do.

W : Yeah, it looks good. But I have no teaching experience.
M : Well, I'm pretty lucky. I've been teaching foreign students as a volunteer for two years.
W : That's great!
M : This program would be a good chance to learn about the local history, and it doesn't start till early August.
W : Right, and it would be exciting to gain some new skills.
M : Look! Here's one that starts at the end of July, and it really helps the local people.
W : Actually, I don't think I can lift heavy things.

訳
男性：どのプログラムに応募するか決めた？
女性：これがとてもよさそうね。**兄が**ブラジルとメキシコで**似たようなことをした**のよ。彼はポルトガル語もスペイン語もわからないのに，そこでいろんな**イベントを計画する手伝いをした**の。
男性：へえ，君もいいリーダーになるだろうな。
女性：ありがとう。でも，**日程が合わない**のよね。実は，７月半ばより前には行けないの。
男性：これはどう？　**僕がやりたいなと思っているもの**なんだ。
女性：うん，よさそうね。でも，**私，教えた経験がない**わ。
男性：ええと，僕はけっこう運がいいな。外国人の学生に，ボランティアで２年間教えているんだ。
女性：すごーい！
男性：このプログラムは，現地の歴史を学ぶいい機会になるし，８月の初めまで始まらないよ。
女性：そうね，それに**新しい技能を身につけるのもわくわくする**わ。
男性：見て！　７月の終わりに始まるのがあるよ。実際に現地の人たちの手助けになるよね。
女性：でも，**私，重いものを持ち上げられないと思う**わ。

ADVICE

聞き取った情報をポスターの内容と照らし合わせて判断する問題。可能であれば，設問文だけでなく，ポスターにも先に目を通しておくとよい。問３の女性が行う可能性が高いものについては消去法で考えるのが最も確実である。

問1 正解は③

> 問 会話の最初で女性が言及しているのはどのプログラムですか。
> ① ボリビアで行われるもの　② ブラジルで行われるもの
> ③ インドネシアで行われるもの　④ ポルトガルで行われるもの

女性は最初の発言で，My brother did something similar「兄が同じようなことをした」と述べている。そして，その兄について，He helped organize events「彼はいろんなイベントを計画する手伝いをした」と述べている。イベントに関係するのは「インドネシアで音楽祭プロデュース」である。③が正解。

問2 正解は①

> 問 男性が申し込みをして出かけて行く可能性が最も高いのはどの国ですか。
> ① オーストラリア　② ボリビア
> ③ インドネシア　④ ポーランド

男性が３番目の発言で what I'd like to do「僕がやりたいと思っているもの」に言及すると，女性は I have no teaching experience「私は教えた経験がない」と答えている。教えるボランティアは，「オーストラリアで日本語教育」である。①が正解。

問3 正解は③

> 問 女性が最も行いそうな活動はどれですか。
> ① 井戸を掘る。　② 催しをプロデュースする。
> ③ 城を修復する。　④ 日本語を教える。

女性の最初の発言と２番目の発言 there's a problem with the dates より，②「催しをプロデュースする」は日程が合わない。３番目の発言 I have no teaching experience で教授経験がないことがわかるので，④「日本語を教える」も不可。最後の発言に I don't think I can lift heavy things「重いものを持ち上げられないと思う」とあり，体力に自信がないことがわかるため①「井戸を掘る」も不可。５番目の発言に it would be exciting to gain some new skills「新しい技能を身につけるのもわくわくする」とあることは，「古城修復」の条件に Willingness to learn new skills「新しい技能を学ぶ意欲」とあることと合うし，日程も「８月３日～」とあり，女性の２番目の発言 I can't really go before mid-July.「７月半ばより前には行けない」という問題もクリアしている。③が正解。

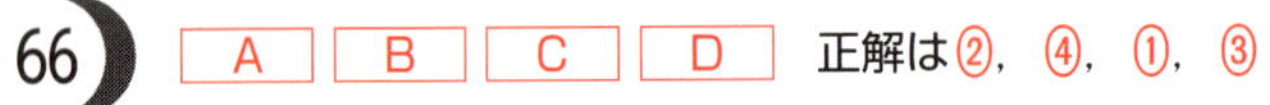

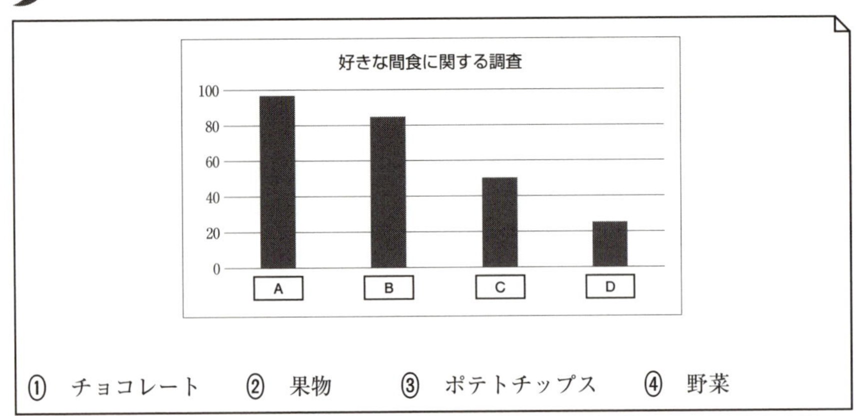

放送内容 《大学生の好きな間食に関する調査》

One hundred North American university students, 50 men and 50 women, were recently surveyed about what their favorite snacks were. There were four types of snacks for students to choose from : chocolate, fruit, potato chips, and vegetables. The highest rated category was "fruit" with 97 students choosing this category. Slightly lower was "vegetables." Surprisingly, the lowest category to be selected was "potato chips" with only 25 students indicating they enjoyed eating this snack. "Chocolate" was double the number for "potato chips." It is encouraging that the university students in this study rated healthy snack choices so highly.

訳　北アメリカ大学の男子学生 50 名，女子学生 50 名，計 100 名の学生に対し，好きな間食に関する調査が最近行われました。学生たちが選ぶ間食にはチョコレート，果物，ポテトチップス，野菜の 4 種類がありました。最も人気の高かったのは「果物」で，97 名の学生がこの部類を選びました。わずかに低かったのは，「野菜」でした。驚くべきことに，最も選ばれることが少なかった部類は「ポテトチップス」で，たった 25 名の学生しかこの間食を好んで食べると答えなかったのです。「チョコレート」は「ポテトチップス」の 2 倍の数値でした。この研究で調査対象となった大学生たちが，健康によい間食の選択肢を非常に高く位置づけたというのは心強いことです。

◇ survey「～を調査する」　◇ rated「評価された，判断された」
◇ slightly「わずかに」　◇ indicate「～と述べる」
◇ encouraging「励みになる，明るい話題になる」　◇ choice(s)「選択肢」

一度しか読み上げられないため，聞きながら判明したものを空所に入れていこう。また，このタイプのグラフでは，順序や比較，最上級または割合を示す表現が用いられることが予想されるので，そのことも念頭に入れておこう。ADVICE

A 正解は②

第 3 文（The highest rated category …）で最も人気が高かった間食は fruit であったと述べられている。②が正解。

B 正解は④

第 4 文の Slightly lower was “vegetables.” の lower は直前第 3 文の fruit と比べてわずかに人気が低い，という意味となる。よって，Bには④があてはまる。

C 正解は①

chocolate に関する情報は第 6 文で，“Chocolate” was double the number for “potato chips.” と述べられている。double the number for ～ で「～の 2 倍の数」の意。ポテトチップスは第 5 文で最も人気が低いとあることから，グラフDの 2 倍の数値となっているCに①チョコレートがあてはまる。

D 正解は③

第 5 文（Surprisingly, the lowest category …）で最も人気の低いものとしてポテトチップスが挙がっていることから，③が正解。

67 A B C D 正解は①，③，②，②

チーム
① 青　② 緑　③ 赤　④ 黄色

姓	名	英語圏での経験の長さ	チーム
ABE	Takahiro	3年	A
BABA	Maki	4年	
HONDA	Naoki	なし	B
KITANO	Azusa	1年	
MORI	Saki	なし	C
NODA	Sho	3週間	
UENO	Rei	6か月	D
WATARI	Takeru	2年	

放送内容 《英語キャンプ参加者のチーム分け》

We're going to divide the kids into four groups. Here's the name list. The names are ordered alphabetically by the kids' family names. Those kids whose family names start from A to K will be put into Team Red or Team Blue, and those from M to Z will be put into Team Green or Team Yellow. Learners who've lived in an English-speaking country for more than a year should be put into either Team Blue or Team Yellow.

訳　子どもたちを4つのグループに分けます。こちらが名簿です。名前は子どもの苗字のアルファベット順に並んでいます。苗字がAからKで始まる子は赤チームもしくは青チームに，MからZの子は緑チームもしくは黄色チームへと振り分けられます。1年以上の期間，英語圏に住んだことのある学習者は青チームか黄色チームのどちらかに入ります。

◇ divide *A* into *B*「*A* を *B* に分ける」　◇ order「～をきちんと配列する」
◇ alphabetically「アルファベット順で」
◇ either *A* or *B*「*A* か *B* のどちらか一方」

聞く前に表の項目と概略を把握しておく。一度しか読み上げられず，また指示がやや複雑なので，音声を聞きながらわかった情報をその都度，表に書き込んでいくようにする。Blue，Green，Red，Yellow の頭文字をとって B，G，R，Y などのように簡単に記せばよい。「選択肢は二回以上使ってもよい」という点にも注意。

ADVICE

A　正解は①　　B　正解は③

第4文（Those kids whose …）前半の「苗字がAからKで始まる子は赤チームもしくは青チームに」より，ABE と HONDA は，①と③に絞られる。

A　ABE は，Length of experience in an English-speaking country「英語圏での経験の長さ」が「3年」なので，最終文「1年以上の期間，英語圏に住んだことのある学習者は青チームか黄色チームのどちらかに入ります」の条件に該当する。よって，青チームの①が正解。

B　HONDA は，Length of experience in an English-speaking country「英語圏での経験の長さ」が None「なし」なので，最終文「1年以上の期間，英語圏に住んだことのある学習者は青チームか黄色チームのどちらかに入ります」に該当しない。よって赤チームの③が正解。

C　正解は②　　D　正解は②

第4文（Those kids whose …）後半の「（苗字の頭文字が）MからZの子は緑チームもしくは黄色チームへ」より，MORI と UENO は，②と④に絞られる。

C　MORI は，Length of experience in an English-speaking country「英語圏での経験の長さ」が None「なし」なので，最終文「1年以上の期間，英語圏に住んだことのある学習者は青チームか黄色チームのどちらかに入ります」に該当しない。よって，緑チームの②が正解。

D　UENO は，Length of experience in an English-speaking country「英語圏での経験の長さ」が「6か月」なので，最終文「1年以上の期間，英語圏に住んだことのある学習者は青チームか黄色チームのどちらかに入ります」に該当しない。よって，緑チームの②が正解。

Part 1　問1～問3

ワークシート

○今日：新品の服が800億点
↑ 400％増加
20年前

○なぜ？ →（ 1 ）

○低コストで生産された服の寿命――平均で2.2年

○環境への影響： 2

方法	繊維	影響
焼却	A	X
埋め立て	非天然	Y → 土
	B	分解中にメタン
	C	Z → 地下水

放送内容　《服と環境危機の関係についての講義》

Do you like buying new clothes? Today I'm going to talk about clothing and its connection to the environmental crisis we are facing now. Worldwide, we consume about 80 billion items of new clothing each year. That number is 400% higher than what we were consuming two decades ago. Do you know why? This increase is closely related to the fact that clothes are cheaply produced and sold at low prices. How long do you wear your clothes? The life of such cheaply produced clothing is, on average, 2.2 years. Some clothing stores are trying hard to reuse or recycle the clothes. But unfortunately, tons of clothes still end up being burned or buried as waste.

Burning or burying such a large amount of textile waste adds to our present environmental crisis. Burning non-natural fibers such as polyester and nylon can produce air pollution including a huge amount of CO_2. Burying unwanted clothes also causes a lot of pollution. Do you know how long the buried clothes stay in the ground? Those non-natural fibers are basically plastics made from oil, which means they could take up to a thousand years to become part of the earth once again. In contrast, natural fibers like cotton and silk go back to the earth quickly. However, they produce greenhouse gases, such as methane, as they break down under the ground. In addition, chemicals may have been used to dye or bleach those natural fibers, and the remaining chemicals can eventually reach underground water.

訳　新しい服を買うのは好きですか？　今日，私は服と私たちが現在直面している環境危機との関わりについて話をします。世界中で，毎年，約800億点の新品の服が消費されています。その数は20年前の消費量と比較すると400％高くなっています。**理由がわかりますか？　この増加は，服が安価で生産され，低価格で販売されているという事実に密接に関係しています**。あなた方はどのくらいの期間，服を着ますか？　**大変安い費用で生産された服の寿命は，平均で2.2年です**。そういった服を再利用したりリサイクルすることに尽力している衣料品店もあります。しかし，残念ながら，**大量の服がいまだに最終的には焼却処分されたり，廃棄物として埋められたりしています**。

そのような大量の繊維くずを燃やしたり埋めたりすることにより，現在の環境危機に拍車がかかっています。ポリエステルやナイロンといった**非天然の繊維を燃やすことで，膨大な量の二酸化炭素を含む大気汚染物質を作り出してしまう可能性があります**。不要な服を埋めることもまた，多くの汚染の原因となります。埋められた服がどのくらいの間，地中に残るか知っていますか？　こういった**非天然の繊維は**基本的には石油から作られたプラスチックで，それはつまり，**もう一度土に戻るのに最長1000年かかる**ということです。対照的に，綿や絹といった天然繊維はすぐに土に戻ります。しかしながら，**天然繊維は地中で分解される際，メタンのような温室効果ガスを発生させます**。さらに，**そういった天然繊維は，染色したり漂白したりするのに化学薬品が使用されている可能性があり，残った化学薬品が最終的に地下水まで到達してしまうこともありえます**。

◇ environmental crisis「環境危機」　◇ face「～に直面する」
◇ consume「～を消費する」　◇ closely「密接に」　◇ tons of ～「大量の～」
◇ end up *doing*「最終的に～する」　◇ bury「～を埋める」
◇ textile waste「繊維ごみ」　◇ add to ～「～を増大させる」

◇ non-natural「非天然の」 ◇ unwanted「不要な」
◇ take *A* to *do*「～するのに *A*（時間）がかかる」
◇ up to ～「（時間・程度など）に至るまで，（最高）～まで」
◇ in contrast「対照的に」 ◇ go back to the earth「土に戻る」
◇ break down「分解される」 ◇ chemical(s)「化学薬品」 ◇ dye「～を染める」
◇ bleach「～を漂白する，脱色する」

ADVICE
ワークシートは本文の要約なので，ワークシートをあらかじめ読んで講義の概略を把握したうえで，どの情報を埋めなければならないのかをチェックしておくこと。音声を聞き，必要な情報を聞き取ったらすぐに，ワークシートの該当箇所を埋めよう。長めの英文で，一度しか読み上げられないため，後からまとめて埋めようとせず，聞きながら判明したものを空所に入れていく方がよい。

問1　正解は②

① 丁寧に生産された高価な服
② 安く生産された安価な服
③ 粗末に生産された長持ちしない服
④ ほどよく生産された長持ちする服

ワークシートの空欄1を埋める問題。まず，新品の服の消費が20年前より400％増加していることを把握する。空欄の左に Why？とあるため，第1段第5文の Do you know why？以降をしっかり聞く。同段第6文（This increase is closely …）に「この（衣類消費の）増加は，服が安価で生産され，低価格で販売されているという事実に密接に関係しています」とあることから，②が正解。第6文後半の clothes are cheaply produced and sold at low prices の部分が，選択肢では cheaply produced and inexpensive clothes と言い換えられている。

問2

空欄A～C：
① 天然
② 非天然

空欄X～Z：
③ 生産時に使用される化学薬品
④ 分解に多くの年数
⑤ 大気中に二酸化炭素

A 正解は②
第2段第2文（Burning non-natural fibers such as polyester …）参照。焼却処分については非天然繊維についてのみ言及されている。よって②が正解。

B 正解は①
空欄Bの右側のImpacts「影響」の部分にあるmethane during breakdown「分解中にメタン」に関しては，第2段第7文However, they produce greenhouse gases, such as methane, as they break down under the ground. に述べられている。主語のtheyは第7文前後で述べられているnatural fibers「天然繊維」を指すことから，①が正解。

C 正解は①
空欄Cの右側のImpacts「影響」の部分にあるunderground water「地下水」に関しては，第2段最終文In addition, chemicals may have been used to dye or bleach those natural fibers, and the remaining chemicals can eventually reach underground water. で触れられており，同文前半に「天然繊維は，染色したり漂白したりするのに化学薬品が使用されている可能性がある」とあるため，①が正解。

X 正解は⑤
burning「焼却」のImpacts「影響」に関しては，第2段第2文（Burning non-natural fibers such as polyester …）の後半でcan produce air pollution including a huge amount of CO_2「膨大な量の二酸化炭素を含む大気汚染物質を作り出す可能性があります」とある。⑤が正解。

Y 正解は④
burying「埋め立て」のImpacts「影響」は第2段第3文以降だが，空欄Yの右にある「→ earth」をヒントに聞き取ると，第5文（Those non-natural fibers are …）に「こういった非天然の繊維は基本的には石油から作られたプラスチックで，それはつまり，もう一度土に戻るのに最長1000年かかるということです」とあることから，土に戻るのにかなりの年数を要するとわかるため，④が正解。本文中のa thousand yearsがmany yearsに，またbecome part of the earthがbreak down「分解される」に選択肢では言い換えられている。

Z 正解は③
underground water「地下水」に関しては，第2段最終文In addition, chemicals may have been used to dye or bleach those natural fibers, and the remaining

chemicals can eventually reach underground water. で触れられており，染色・漂白に化学薬品が使用されている可能性があるとあることから，③が正解。

○今日：新品の服が800億点
↑ 400％増加
20年前

○なぜ？→（　②安く生産された安価な服　）

○低コストで生産された服の寿命——平均で2.2年

○環境への影響：［ 2 ］

方法	繊維	影響
焼却	②非天然	⑤大気中に二酸化炭素
埋め立て	非天然	④分解に多くの年数 → 土
	①天然	分解中にメタン
	①天然	③生産時に使用される化学薬品 → 地下水

問3　正解は③

① ポリエステル製の服よりも，二酸化炭素生成量がより少なく，分解しやすいため，綿製の服の方がよい。
② 有害な化学薬品が土壌に被害を与えうるため，繊維くずは地中に埋めて処理するよりも燃やして処理した方がよい。
③ 多くの服がリサイクルも再利用もされないので，賢く服を購入することが環境保護に寄与するかもしれない。
④ 製造過程で化学薬品が使用されているため，不必要な服の購入は避けるべきである。

講義の主張として正しいものを選ぶ問題。第1段第7・8文（How long do you wear … on average, 2.2 years.）に「安価で作られる服の寿命が短いこと」が，そして同段第9文（Some clothing stores are …）および最終文に「服の再利用やリサイクルをする店もあるが，いまだに大量の服が廃棄物として処理されている」という現状が述べられている。また，第2段ではそういった繊維くずが非天然素材であろうと天然素材であろうと，何らかの形で環境に悪影響を与える，という内容がそれぞれの特徴を挙げて詳しく述べられている。よって，安易な服の購入を避けることが繊維ごみの排出を減少させ，環境保護につながることになるため，③が正解。

Part 2 問4 正解は②

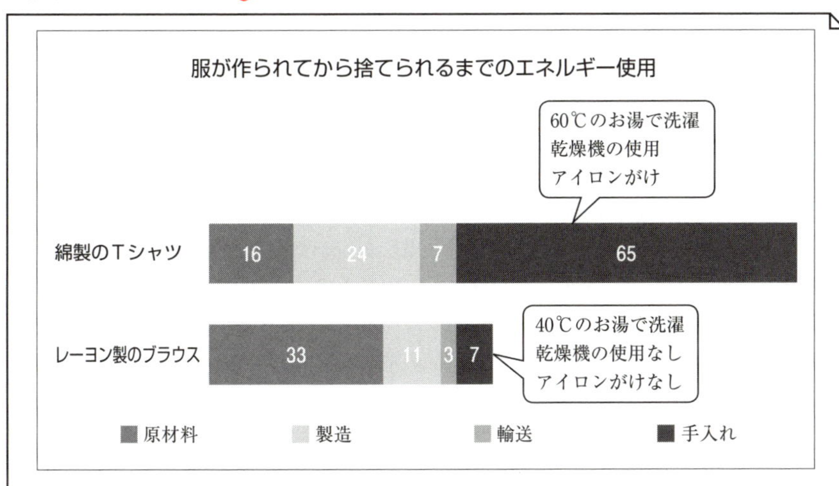

① 綿製のTシャツは化学薬品を使用していない繊維で作られると，より土壌によい。
② どんな服を買ったらよいかについて考えることだけでなく，その服をどう手入れするかについても考えることが重要である。
③ レーヨン製のブラウスはリサイクルでき，その結果，綿製のTシャツよりも長持ちする。
④ 環境に優しいので，天然繊維の服を着るべきである。

放送内容 《服が作られてから捨てられるまでに使われるエネルギー量比較》

Now let's consider how much energy is used in the life cycle of clothing. Look at this chart comparing a cotton T-shirt and a rayon blouse. Although rayon looks like a non-natural material, it is actually made from wood pulp. Notice the differences between these two types of natural-fiber clothes.

訳 それでは，服が作られてから捨てられるまでに使われるエネルギー量について考えてみましょう。綿製のTシャツとレーヨン製のブラウスを比較したこの図表をご覧ください。レーヨンは非天然素材のように見えますが，実際には木材パルプでできています。これら2種類の天然繊維の服の違いに注目してみてください。

◇compare「～を比較する」 ◇rayon「レーヨン製の」
◇wood pulp「木材パルプ」 ◇notice「～に注目する」
◇difference「違い，差」

ADVICE
事前にグラフのタイトルと概略を把握しておく。グラフの中にある吹き出しの中の情報にも注意すること。

第3文（Although rayon looks like …）および最終文より，綿もレーヨンも天然素材であると述べられているが，図表で吹き出しがついているMaintenance「手入れ」に注目すると，レーヨン製のブラウスの方が綿製のTシャツに比べ，エネルギー使用量が圧倒的に少ないこと，手入れの手間が異なることがわかる。服の手入れの仕方によりエネルギー使用量が変わり，さらには環境に及ぼす影響も変わるということを示唆していることから，②が正解。

69

問1(a)〜(c)

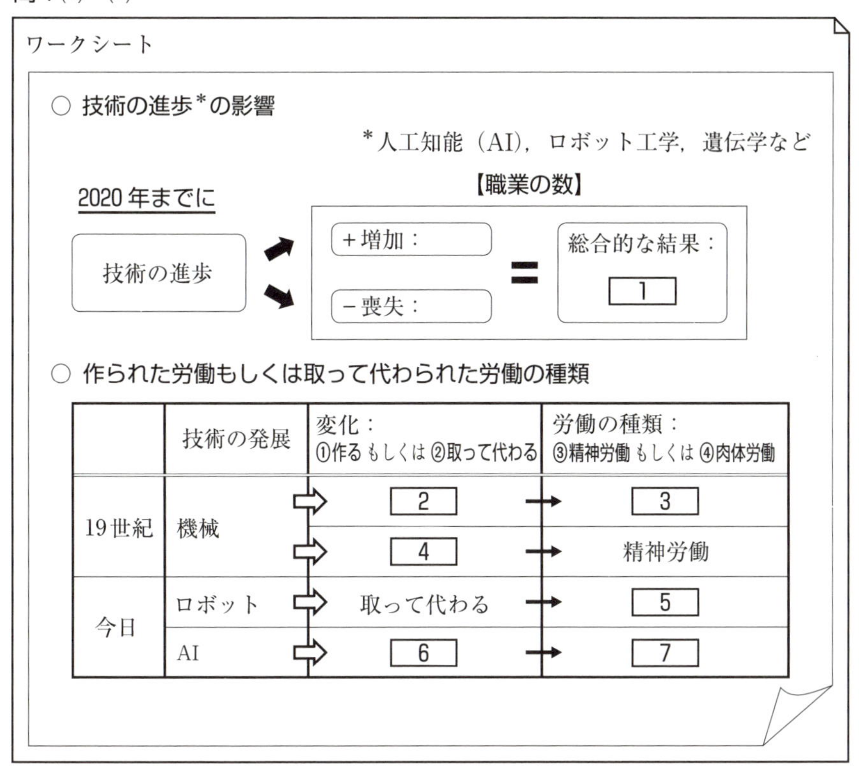

ワークシート

○ 技術の進歩*の影響

*人工知能（AI），ロボット工学，遺伝学など

2020年までに

【職業の数】

技術の進歩 → ＋増加：／－喪失： ＝ 総合的な結果： 1

○ 作られた労働もしくは取って代わられた労働の種類

	技術の発展	変化：①作るもしくは②取って代わる	労働の種類：③精神労働もしくは④肉体労働
19世紀	機械	2	3
		4	精神労働
今日	ロボット	取って代わる	5
	AI	6	7

放送内容 《技術革命に伴い消える職業》

What kind of career are you thinking about now? Research predicts developments in artificial intelligence, robotics, genetics, and other technologies will have a major impact on jobs. By 2020, two million jobs will be gained in the so-called STEM fields, that is, science, technology, engineering, and mathematics. At the same time, seven million other jobs will be lost.

This kind of thing has happened before. Jobs were lost in the 19th century when mass production started with the Industrial Revolution. Machines replaced physical labor, but mental labor like sales jobs was generated. Today, many people doing physical labor are worried that robots will take over their roles and that they will lose their current jobs.

This time, the development of AI may even eliminate some jobs requiring mental labor as well.

Actually, we know that robots are already taking away blue-collar factory jobs in the US. Moreover, because of AI, skilled white-collar workers, or intellectual workers, are also at "high risk." For example, bank clerks are losing their jobs because computer programs now enable automatic banking services. Even news writers are in danger of losing their jobs as AI advances enough to do routine tasks such as producing simple news reports.

As I mentioned earlier, seven million jobs will be lost by 2020. Two-thirds of those losses will be office jobs. Since most office jobs are done by women, they will be particularly affected by this change. What's more, fewer women are working in the STEM fields, so they will benefit less from the growth in those fields.

訳　あなた方は現在，どういった関係の進路について考えていますか？　研究によると，人工知能，ロボット工学，遺伝学やその他の技術における発達が職業に多大な影響を及ぼすと予測されています。**2020年までに**いわゆるSTEM分野，つまり，科学，技術，工学，数学の分野において**200万の職が増える見込みです**。**同時に**，その他の分野において**700万の職が失われることになるでしょう**。

このような事態は以前にも起こっています。産業革命により大量生産が始まった**19世紀に職が失われました**。**機械が肉体労働に取って代わりました**が，営業職といった**精神労働が生まれました**。**今日では，肉体労働をしている多くの人々が，ロボットが自分たちの役割を乗っ取り，現職を失うことになってしまうのではないかと心配しています**。その上，今回は，**AI（人工知能）の進化により精神労働を要する仕事でさえも一部はなくなってしまうかもしれません**。

実際のところ，アメリカではロボットがすでに工場の肉体労働の仕事を奪っているということがわかっています。さらに，**AIのせいで，熟練した事務系労働者，つまり知的労働者もまた「高い危険」にさらされています**。例えば，今，コンピュータプログラムにより銀行業務の自動化が可能になるので，銀行員たちは仕事を失いつつあります。簡単なニュース記事を作成するといった定型業務ができるほどにAIが進化するにつれて，新聞記者でさえも仕事を失う危機にあります。

先に述べましたように，**700万の職が2020年までに消えていきます。この喪失の3分の2は事務仕事となるでしょう**。ほとんどの事務仕事には女性が就いているので，この変化により彼女たちが特に影響を受けることになります。さらに，

STEM 分野で働いている女性はより少ないので，女性がこういった分野の発展から受ける恩恵が少なくなってしまうのです。

◇ career「職業」 ◇ predict「～と予測する」
◇ artificial intelligence：AI「人工知能」 ◇ robotics「ロボット工学」
◇ genetics「遺伝学」 ◇ have a ～ impact on *A*「*A* に～な影響を与える」
◇ the Industrial Revolution「産業革命」 ◇ replace「～に取って代わる」
◇ physical labor「肉体労働」 ◇ mental labor「精神労働」
◇ sales job(s)「営業の仕事」 ◇ take over ～「～を乗っ取る」
◇ eliminate「～を除去する，排除する」 ◇ blue-collar「肉体労働（者）の」
◇ white-collar「サラリーマンの，事務系の」 ◇ intellectual「知的な」
◇ banking services「銀行業務」 ◇ routine task(s)「定型業務，日常業務」

ADVICE

大問 68 と同タイプの問題。1 回しか読まれないため，ワークシートとグラフの内容を先に見て放送英文の内容をある程度把握しておかないと解きづらい。計算を必要とする問題（問 1 ⒜）や，複数の情報を関連づけて整理する問題（問 1 ⒝・⒞），音声から得た情報をグラフの情報と関連づける問題（問 2 ）というように，情報量が多い英文を 1 回聞いただけですべて処理しなくてはならないので，かなり難度が高い問題だと言える。

問題冊子にすでに印字されているキーワードをチェックし，その語を含む文を集中して聞くようにするとよい。特に数字（By 2020，two million，19th century など）や固有名詞を含むものは聞き取りやすいため，大きなヒントになる。

問 1 ⒜　正解は④

① 200 万の職業が増加	② 200 万の職業が喪失
③ 500 万の職業が増加	④ 500 万の職業が喪失
⑤ 700 万の職業が増加	⑥ 700 万の職業が喪失

ワークシートの［ 1 ］左側の By 2020 と上部の Number of jobs「職業の数」をヒントに，2020 年までにどれだけの職業が増え，なくなるかを聞き取る。第 1 段第 3 文に By 2020, two million jobs will be gained「2020 年までに 200 万の職が増える見込みです」とあるため，増加は 200 万。ただし，続く同段最終文に At the same time, seven million other jobs will be lost.「同時に，その他の分野において 700 万の職が失われることになるでしょう」ともある。よって，総合的には 200 万 − 700 万 = − 500 万となる。④が正解。

問1(b)

① 作る	② 取って代わる	③ 精神	④ 肉体

[2]　正解は②　[3]　正解は④

19世紀の機械の出現に伴う変化については第2段第3文にMachines replaced physical labor「機械が肉体労働に取って代わりました」とあることから，[2]に②，[3]に④を補う。

[4]　正解は①

第2段第3文後半mental labor like sales jobs was generated「営業職といった精神労働が生まれました」より，①が正解。create「～を作る」が放送英文ではwas generated「生み出された」という表現になっていることに注意。

[5]　正解は④

今日，ロボットが取って代わっている労働の種類については第2段第4文参照。Today, many people doing physical labor are worried that robots will take over their roles…「今日では，肉体労働をしている多くの人々が，ロボットが自分たちの役割を乗っ取り，…と心配しています」と肉体労働者たちの懸念が述べられていることから，④が正解。replace「～に取って代わる」が放送英文ではtake over their roles「彼ら（＝肉体労働者）の役割を奪う」と異なる表現になっていることに注意。

[6]　正解は②　[7]　正解は③

今日のAIの進化に伴う変化については，第2段最終文でThis time, the development of AI may even eliminate some jobs requiring mental labor as well.「今回は，AI（人工知能）の進化により精神労働を要する仕事でさえも一部はなくなってしまうかもしれません」とAIが精神労働を要する仕事に取って代わると述べられていることから，[6]に②，[7]に③を補う。replace「～に取って代わる」が放送英文ではeliminate「～を排除する」と表現が変わっているため，注意。

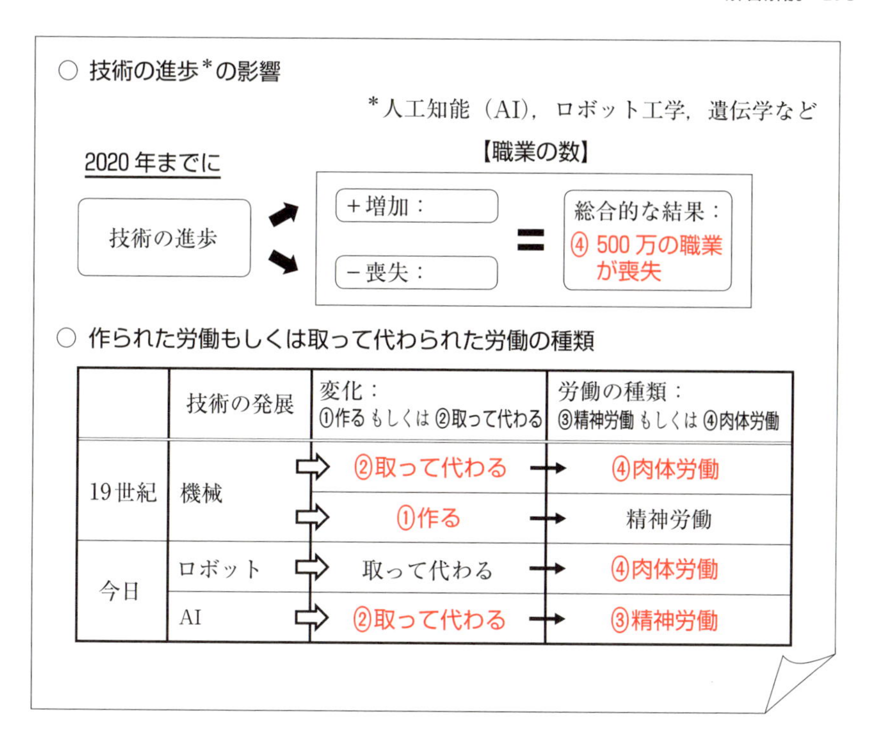

	技術の発展	変化：①作るもしくは②取って代わる	労働の種類：③精神労働もしくは④肉体労働
19世紀	機械	②取って代わる	④肉体労働
		①作る	精神労働
今日	ロボット	取って代わる	④肉体労働
	AI	②取って代わる	③精神労働

問1(c)　正解は④

① ロボットのおかげで，機械が肉体労働に取って代わりはじめている。
② 今後の技術の進歩により影響を受けるのは主に肉体労働者だろう。
③ 事務所で働いている女性の3分の2が職を失うことになるだろう。
④ 事務系労働者はAIの進化のせいで，現在の仕事を失う可能性がある。

講義の内容と一致するものを選ぶ問題。第3段第2文（Moreover, because of AI, …）「AIのせいで，熟練した事務系労働者，つまり知的労働者もまた『高い危険』にさらされています」に注目。同段第1文「ロボットがすでに肉体労働の仕事を奪っている」に続いて，事務系労働者もまた同様の危険にさらされている，とつながっていることから，この「高い危険」とは，事務系労働者もまた仕事を失う可能性がある，ということである。よって④が正解となる。

①は，第2段第2・3文（Jobs were lost … sales jobs was generated.）参照。機械が肉体労働に取って代わったのは19世紀の産業革命の時代とあるが，選択肢① Machines are beginning to replace … では現在進行形となっているため，時制が噛み合わない。

②の「今後の技術の進歩により影響を受ける」可能性のある業種は，最終段第1・2文（As I mentioned …）「700万の職が2020年までに消えていきます。喪失の3分の2は事務仕事となるでしょう」より，肉体労働ではなく mental labor「精神労働」である。
③の Two-thirds「3分の2」という数字については最終段第2文にあるが，ここでは Two-thirds of those losses will be office jobs.「この喪失の3分の2は事務仕事となるでしょう」とあり，those losses は同段第1文の seven million jobs「700万の職」を指す。事務職に就いている女性の数を指しているのではないため，不適。

問2　正解は④

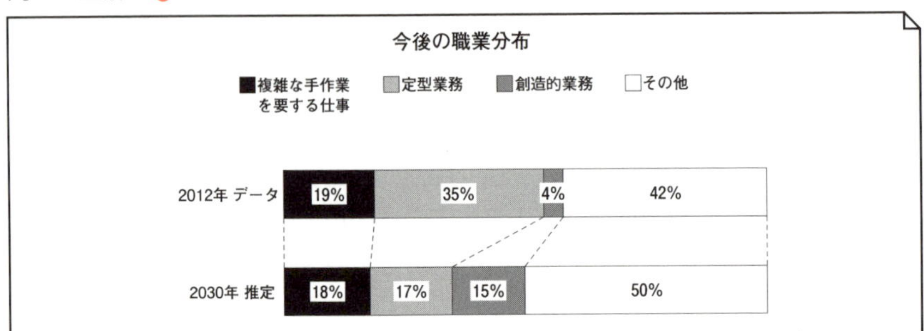

① 複雑な手作業を要する仕事は技術革命のおかげで自動化されるだろう。
② STEM分野の仕事は創造的な業務を必要とするけれども増えることはないだろう。
③ 頭を使う仕事は割合で言うと最も減少するだろう。
④ すべての肉体労働がロボットやAIに取って代わられるとは限らないだろう。

放送内容　《職業の分布予測》

Let's take a look at the graph of future job changes. Complex manual workers, like cooks and farmers, are different from routine workers in factories and offices. Creative workers include artists and inventors. So, what can we learn from all this?

訳　今後の職業の変化についてのグラフを見てみましょう。調理師や農家といった複雑な手作業を要する労働者は，工場や事務所で定型業務を行う労働者とは区別されています。創造力を要する労働者の中には芸術家や発明家が含まれています。では，これらすべてのことから何がわかるでしょうか？

◇ take a look at ～「～を見る」　◇ complex「複雑な」
◇ manual「手の，手作業の」　◇ inventor(s)「発明家」

放送英文およびグラフでphysical work「肉体労働」にあたるのはComplex Manual Work「複雑な手作業を要する仕事」と一部のRoutine Work「定型業務」であるが，グラフ中のComplex Manual Workの割合は2012年も2030年推定もほとんど変わらないため，将来的にロボットやAIによって仕事を奪われることはないと予測されている。よって④が正解。
①は，技術革命により仕事が自動化されると，将来的に仕事の割合が減るはずだが，グラフのComplex Manual Work「複雑な手作業を要する仕事」を見ると，2012年も2030年推定も割合に大きな変化はない。よって不適。
②についてもグラフのCreative Work「創造的業務」では将来的に3倍以上の増加が見込まれているため，不適。
また，③のMental work「頭を使う仕事」もCreative Workを指すと考えられる。グラフは増加予測となっているため，不適。

70 Part 1 問1 正解は①，④

放送内容 《炭水化物の積極的摂取の賛否》

Student 1

Test season is in a few weeks, and carbohydrates are the preferred source of energy for mental function. I think rice, potatoes, pasta and bread are good brain food! You are what you eat!

Student 2

Many people try to reduce the fat in their diet, but instead they should lower the amount of carbohydrates they eat. In one study, people on a high carbohydrate diet had an almost 30% higher risk of dying than people eating a low carbohydrate diet.

Student 3

The necessary calories for the body can be taken in from protein and fat, which are included in foods such as meat and nuts. The body requires these for proper functioning. Protein and fat previously stored in the body can be used as a more reliable source of energy than carbohydrates.

Student 4
Well, as an athlete, I need to perform well. My coach said that long distance runners need carbohydrates to increase stamina and speed up recovery. Carbohydrates improve athletic performance. Athletes get less tired and compete better for a longer period of time.

訳 学生1
テスト期間まであと数週間です，そして，炭水化物は精神機能にとって好ましいエネルギー源です。米，ジャガイモ，パスタ，パンは脳にとってよい食べ物だと思います！　人の健康は食べ物次第！

学生2
食事に含まれる脂質を減らそうとしている人が多くいますが，そういった人々は代わりに，炭水化物の摂取量を抑えるとよいです。ある研究では，炭水化物の多い食事を摂っている人は炭水化物の少ない食事を摂っている人と比べると，死亡するリスクが30％近く高かったそうです。

学生3
体にとって必要なカロリーはたんぱく質や脂質から取り入れられ，それらは肉や木の実類といった食べ物に含まれています。体は適切に機能するためにこういった食べ物を必要としています。あらかじめ体に蓄えられたたんぱく質や脂質は炭水化物よりも確実なエネルギー源として使用されます。

学生4
さて，運動選手として，私はよい成績を収めなければなりません。長距離走の選手はスタミナをつけたり，回復のスピードを上げたりするのに炭水化物が必要であると私のコーチは言っていました。炭水化物は運動能力を上げてくれます。運動選手は疲れにくくなり，より長い時間，よりよい状態で競うことができます。

◇mental function「精神機能」
◇You are what you eat.「（諺）人の健康や性格は食事で決まる」
◇diet「食事」　◇take in ～「～を取り入れる」　◇protein「たんぱく質」
◇functioning「機能を果たすこと」　◇previously「前もって，以前は」
◇store「～を蓄える」　◇reliable「信頼できる，確実な」

carbohydrates について，それぞれの学生が意見を述べる際の表現に注意する。「賛成」している学生が誰かを聞き分ける必要があるが，単純に「賛成」「反対」と明言しているわけではないことに注意が必要である。 ADVICE

学生 1 は発言第 1 文後半で「炭水化物は精神機能にとって好ましいエネルギー源です」と述べているため，賛成。学生 2 は発言第 2 文で炭水化物多量摂取による死亡率の増加について述べているため，反対。学生 3 は最終文で炭水化物よりもたんぱく質や脂質の方がエネルギー源として確実であると述べているため，反対。学生 4 は発言第 3 文で「炭水化物は運動能力を上げてくれます」と述べているため，賛成。よって，賛成意見を述べているのは①学生 1，④学生 4 である。

Part 2　問 2　正解は①

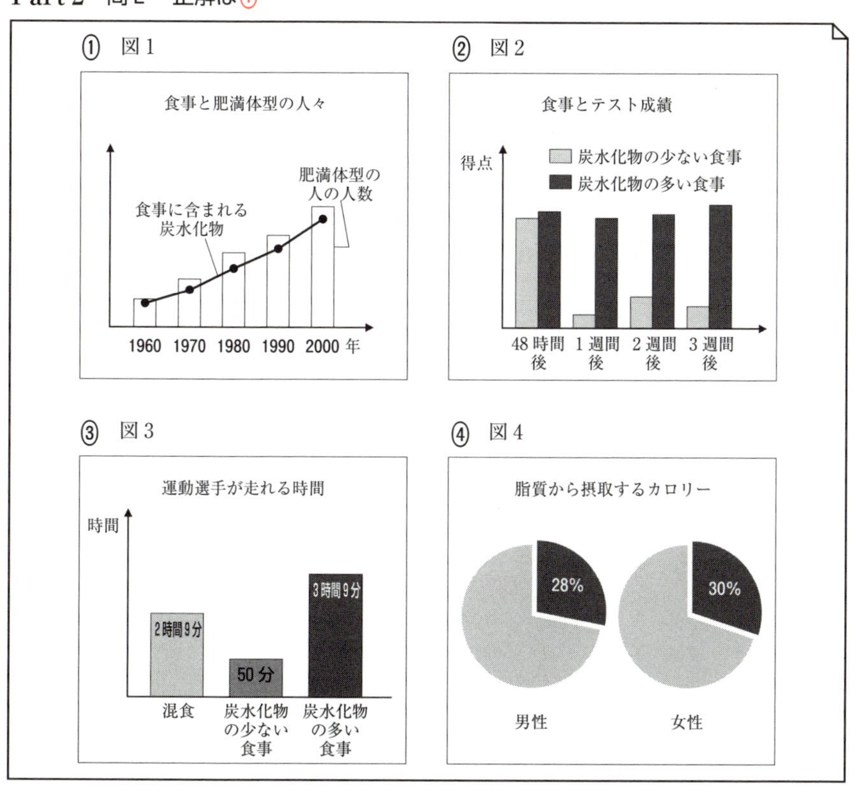

放送内容　《炭水化物多量摂取による悪影響》

If I eat a high carbohydrate diet, I tend to get hungry sooner and then eat snacks. Also, I read snacks raise the sugar levels in the blood, and the ups and downs of blood sugar lead to eating continuously. This makes you gain excessive weight.

訳　炭水化物の多い食事を摂ると，私は比較的早めにお腹がすいてしまい，おやつを食べてしまいがちになります。また，おやつは血糖値を上げ，さらに，血糖値が上がり下がりすることにより，途切れることなく食べ続けてしまうことにつながる，と読んだことがあります。このせいで，過度に体重が増えてしまうのです。

◇ sugar level(s) in the blood「血糖値」 ◇ ups and downs「上昇と下降」
◇ continuously「続けて」 ◇ gain weight「太る」 ◇ excessive「過度の」

ADVICE
事前に各グラフのタイトルだけでも目を通しておくこと。グラフなどのデータは自分の意見に説得力を持たせるためのものなので，この学生がどのグラフを用いれば自分の意見を補強できるかを考える必要がある。

第 1 文前半「炭水化物の多い食事を摂ると」に始まり，最終文「過度に体重が増えてしまう」といった部分から，炭水化物の積極的摂取に対しては反対の意見であるとわかる。また，炭水化物の摂取量が多いことが体重増加につながるという内容であることから，①が正解。

実戦問題

2021年度 共通テスト
本試験（第１日程）

解答時間 30 分　配点 100 点

音声について

本章に収載している問題の音声は，下記の音声専用サイトで配信しております。

http://akahon.net/smart-start/ ⇨

英　　語(リスニング)

(解答番号 1 ～ 37)

第1問 (配点　25) 音声は2回流れます。

第1問はAとBの二つの部分に分かれています。

A　第1問Aは問1から問4までの4問です。英語を聞き，それぞれの内容と最もよく合っているものを，四つの選択肢(①～④)のうちから一つずつ選びなさい。

問1 1

① The speaker does not want any juice.
② The speaker is asking for some juice.
③ The speaker is serving some juice.
④ The speaker will not drink any juice.

問2 2

① The speaker wants to find the beach.
② The speaker wants to know about the beach.
③ The speaker wants to see a map of the beach.
④ The speaker wants to visit the beach.

問 3 [3]

① Yuji is living in Chiba.
② Yuji is studying in Chiba.
③ Yuji will begin his job next week.
④ Yuji will graduate next week.

問 4 [4]

① David gave the speaker ice cream today.
② David got ice cream from the speaker today.
③ David will get ice cream from the speaker today.
④ David will give the speaker ice cream today.

これで第1問Aは終わりです。

B 　**第1問B**は**問5**から**問7**までの3問です。英語を聞き，それぞれの内容と最もよく合っている絵を，四つの選択肢(①～④)のうちから一つずつ選びなさい。

問5 5

①

②

③

④

問 6 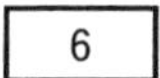

①

②

③

④

問７　7

①

②

③

④

これで第１問Bは終わりです。

第2問 (配点 16) 音声は2回流れます。

第2問は**問**8から**問**11までの4問です。それぞれの問いについて，対話の場面が日本語で書かれています。対話とそれについての問いを聞き，その答えとして最も適切なものを，四つの選択肢(①～④)のうちから一つずつ選びなさい。

問 8 Mariaの水筒について話をしています。 8

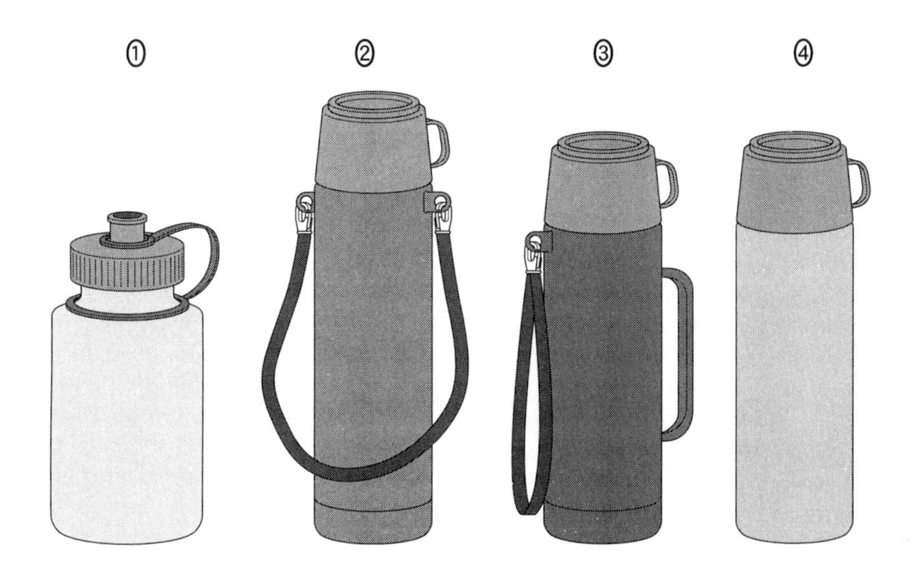

問 9　コンテストでどのロボットに投票するべきか，話をしています。 [9]

①

②

③

④

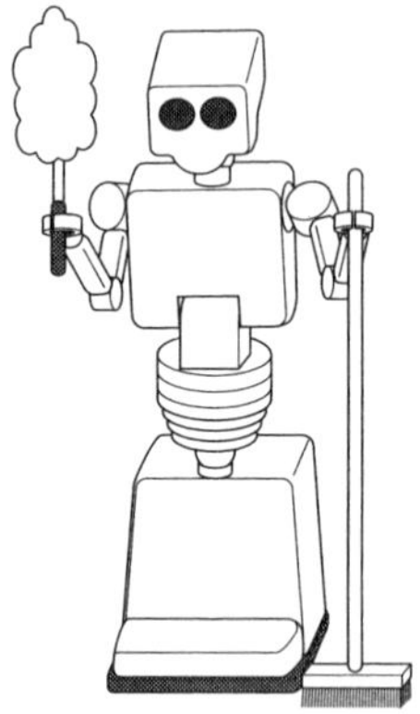

問10 父親が，夏の地域清掃に出かける娘と話をしています。 10

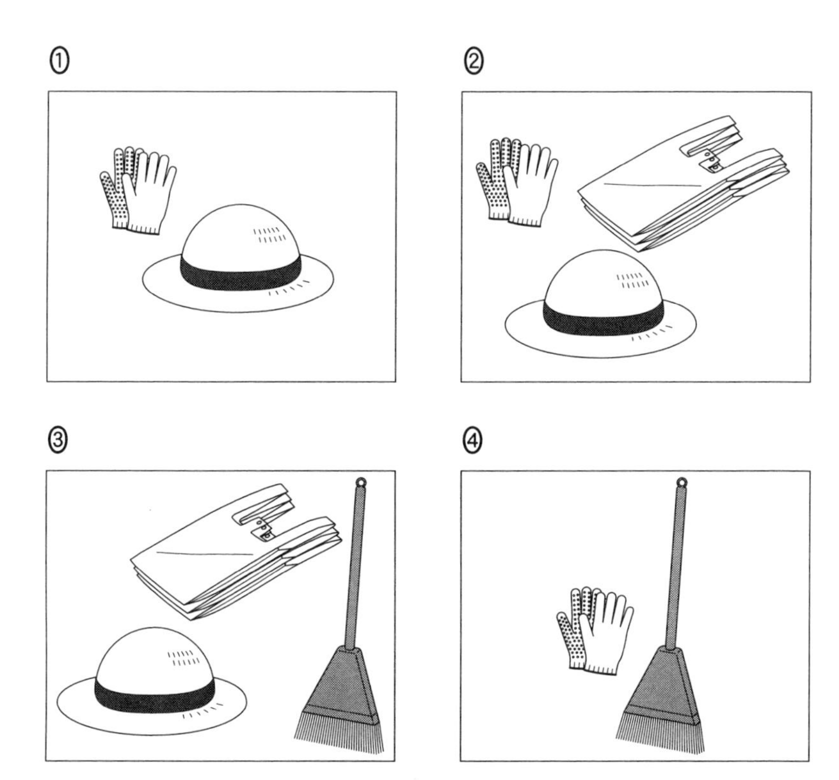

問11　車いすを使用している男性が駅員に質問をしています。 

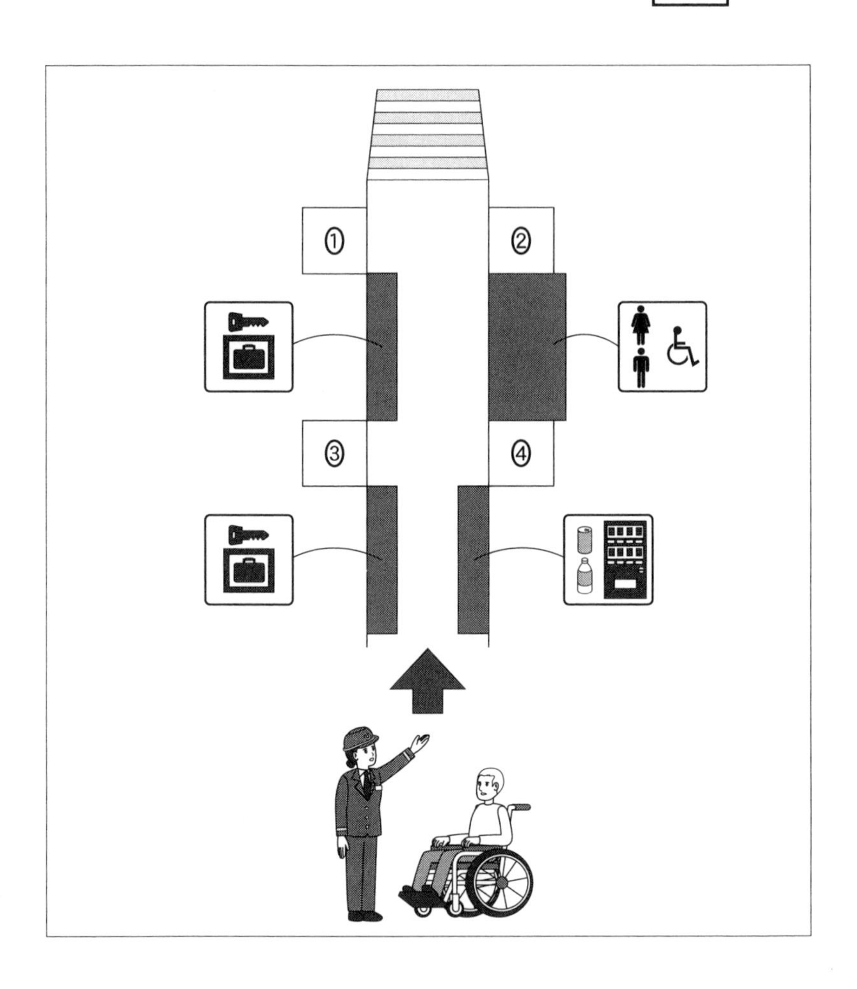

これで第2問は終わりです。

第3問 (配点　18)　<u>音声は1回流れます。</u>

第3問は**問**12から**問**17までの6問です。それぞれの問いについて，対話の場面が日本語で書かれています。対話を聞き，問いの答えとして最も適切なものを，四つの選択肢(①～④)のうちから一つずつ選びなさい。(問いの英文は書かれています。)

問12　同窓会で先生が卒業生と話をしています。

What does the teacher have to do on April 14th? [12]

① Attend a meeting
② Have a rehearsal
③ Meet with students
④ See the musical

問13　台所で夫婦が食料品を片付けています。

What will be put away first? [13]

① Bags
② Boxes
③ Cans
④ Containers

問14　職場で女性が男性に中止になった会議について尋ねています。

Which is true according to the conversation? [14]

① The man didn't make a mistake with the email.
② The man sent the woman an email.
③ The woman didn't get an email from the man.
④ The woman received the wrong email.

問15 イギリスにいる弟が，東京に住んでいる姉と電話で話をしています。

What does the woman think about her brother's plan? 15

① He doesn't have to decide the time of his visit.
② He should come earlier for the cherry blossoms.
③ The cherry trees will be blooming when he comes.
④ The weather won't be so cold when he comes.

問16 友人同士が野球の試合のチケットについて話をしています。

Why is the man in a bad mood? 16

① He couldn't get a ticket.
② He got a ticket too early.
③ The woman didn't get a ticket for him.
④ The woman got a ticket before he did.

問17 友人同士が通りを歩きながら話をしています。

What did the woman do? 17

① She forgot the prime minister's name.
② She mistook a man for someone else.
③ She told the man the actor's name.
④ She watched an old movie recently.

これで第３問は終わりです。

第4問 (配点 12) 音声は1回流れます。

第4問はAとBの二つの部分に分かれています。

A 第4問Aは問18から問25の8問です。話を聞き，それぞれの問いの答えとして最も適切なものを，選択肢から選びなさい。**問題文と図表を読む時間が与えられた後，音声が流れます。**

問18〜21 あなたは，授業で配られたワークシートのグラフを完成させようとしています。先生の説明を聞き，四つの空欄 18 〜 21 に入れるのに最も適切なものを，四つの選択肢(①〜④)のうちから一つずつ選びなさい。

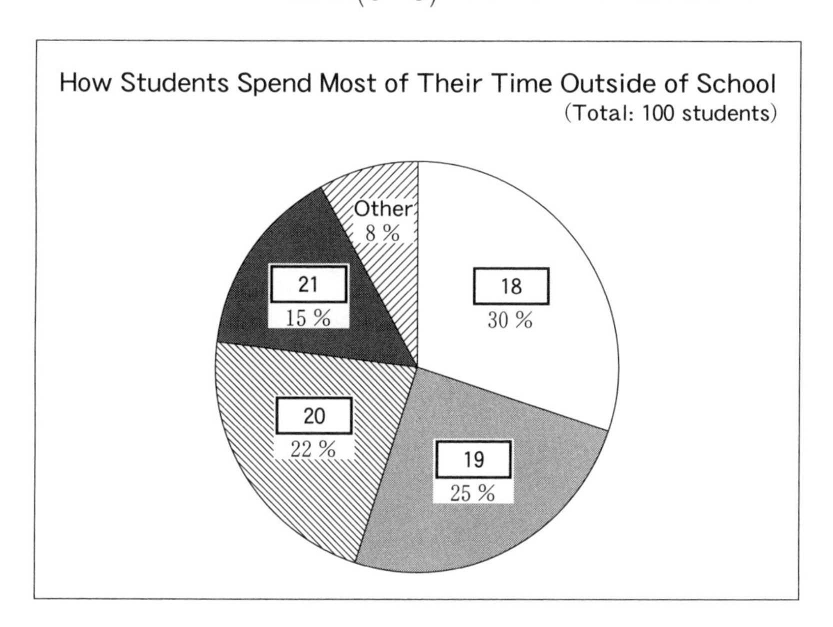

① Going out with friends

② Playing online games

③ Studying

④ Working part-time

問22～25 あなたは，留学先のホストファミリーが経営しているDVDショップで手伝いをしていて，DVDの値下げについての説明を聞いています。話を聞き，下の表の四つの空欄 22 ～ 25 に入れるのに最も適切なものを，五つの選択肢(①～⑤)のうちから一つずつ選びなさい。選択肢は2回以上使ってもかまいません。

Titles	Release date	Discount
Gilbert's Year to Remember	1985	
★ Two Dogs and a Boy	1997	22
Don't Forget Me in the Meantime	2003	23
★ A Monkey in My Garden	2007	24
A Journey to Another World	2016	
A Moment Frozen in a Memory	2019	25

① 10 %
② 20 %
③ 30 %
④ 40 %
⑤ no discount

これで第4問Aは終わりです。

B　**第4問Bは問26の1問です。**話を聞き，示された条件に最も合うものを，四つの選択肢（①～④）のうちから一つ選びなさい。下の表を参考にしてメモを取ってもかまいません。**状況と条件を読む時間が与えられた後，音声が流れます。**

状況
あなたは，旅行先のニューヨークで見るミュージカルを一つ決めるために，四人の友人のアドバイスを聞いています。

あなたが考えている条件
A．楽しく笑えるコメディーであること
B．人気があること
C．平日に公演があること

Musical titles	Condition A	Condition B	Condition C
① It's Really Funny You Should Say That!			
② My Darling, Don't Make Me Laugh			
③ Sam and Keith's Laugh Out Loud Adventure			
④ You Put the 'Fun' in Funny			

問26　" 26 " is the musical you are most likely to choose.

① It's Really Funny You Should Say That!
② My Darling, Don't Make Me Laugh
③ Sam and Keith's Laugh Out Loud Adventure
④ You Put the 'Fun' in Funny

これで第4問Bは終わりです。

第5問 (配点 15) 音声は1回流れます。

第5問は**問27**から**問33**の7問です。

最初に講義を聞き，**問27**から**問32**に答えなさい。次に続きを聞き，**問33**に答えなさい。**状況・ワークシート，問い及び図表を読む時間が与えられた後，音声が流れます。**

状況

あなたはアメリカの大学で，幸福観についての講義を，ワークシートにメモを取りながら聞いています。

ワークシート

○ **World Happiness Report**

・Purpose: To promote ［ 27 ］ happiness and well-being

・Scandinavian countries: Consistently happiest in the world (since 2012)

Why? ⇒ "**Hygge**" lifestyle in Denmark

⬇ spread around the world in 2016

○ **Interpretations of Hygge**

	Popular Image of Hygge	Real Hygge in Denmark
What	28	29
Where	30	31
How	special	ordinary

問27 ワークシートの空欄 [27] に入れるのに最も適切なものを，四つの選択肢（①～④）のうちから一つ選びなさい。

① a sustainable development goal beyond
② a sustainable economy supporting
③ a sustainable natural environment for
④ a sustainable society challenging

問28～31 ワークシートの空欄 [28] ～ [31] に入れるのに最も適切なものを，六つの選択肢（①～⑥）のうちから一つずつ選びなさい。選択肢は２回以上使ってもかまいません。

① goods　② relationships　③ tasks
④ everywhere　⑤ indoors　⑥ outdoors

問32 講義の内容と一致するものはどれか。最も適切なものを，四つの選択肢（①～④）のうちから一つ選びなさい。 [32]

① Danish people are against high taxes to maintain a standard of living.
② Danish people spend less money on basic needs than on socializing.
③ Danish people's income is large enough to encourage a life of luxury.
④ Danish people's welfare system allows them to live meaningful lives.

第５問はさらに続きます。

問33 講義の続きを聞き，**下の図から読み取れる情報と講義全体の内容から**どのようなことが言えるか，最も適切なものを，四つの選択肢(①～④)のうちから一つ選びなさい。 33

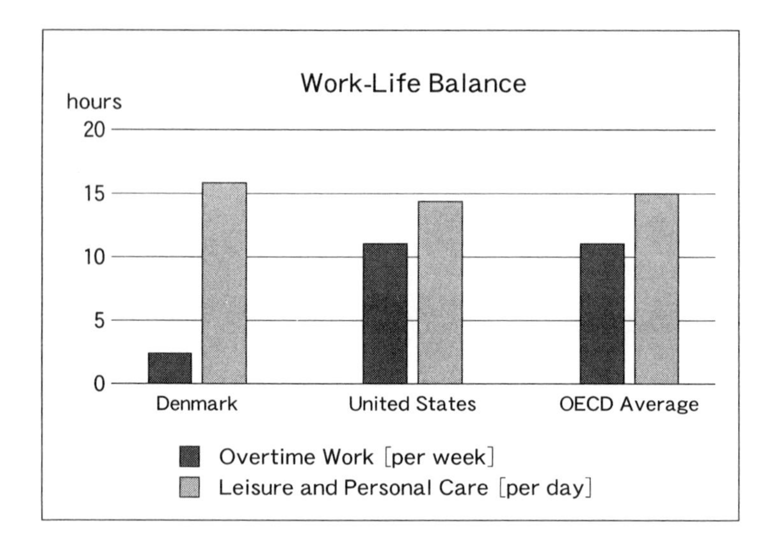

① People in Denmark do less overtime work while maintaining their productivity.

② People in Denmark enjoy working more, even though their income is guaranteed.

③ People in OECD countries are more productive because they work more overtime.

④ People in the US have an expensive lifestyle but the most time for leisure.

これで第5問は終わりです。

第6問 (配点 14) 音声は1回流れます。

第6問はAとBの二つの部分に分かれています。

A **第6問Aは問34・問35の2問です。** 二人の対話を聞き，それぞれの問いの答えとして最も適切なものを，四つの選択肢(①～④)のうちから一つずつ選びなさい。(問いの英文は書かれています。) **状況と問いを読む時間が与えられた後，音声が流れます。**

> 状況
>
> Jane が Sho とフランス留学について話をしています。

問34 What is Jane's main point? [34]

① A native French-speaking host family offers the best experience.
② Having a non-native dormitory roommate is more educational.
③ Living with a native speaker shouldn't be a priority.
④ The dormitory offers the best language experience.

問35 What choice does Sho need to make? [35]

① Whether to choose a language program or a culture program
② Whether to choose the study abroad program or not
③ Whether to stay with a host family or at the dormitory
④ Whether to stay with a native French-speaking family or not

これで第6問Aは終わりです。

B　**第6問Bは問36・問37の2問です。**会話を聞き，それぞれの問いの答えとして最も適切なものを，選択肢のうちから一つずつ選びなさい。下の表を参考にしてメモを取ってもかまいません。**状況と問いを読む時間が与えられた後，音声が流れます。**

状況

四人の学生(Yasuko, Kate, Luke, Michael)が，店でもらうレシートについて意見交換をしています。

Yasuko	
Kate	
Luke	
Michael	

問36　会話が終わった時点で，レシートの電子化に**賛成した人**は四人のうち何人でしたか。四つの選択肢(①～④)のうちから一つ選びなさい。 36

① 1人
② 2人
③ 3人
④ 4人

問37　会話を踏まえて，Luke の意見を最もよく表している図表を，四つの選択肢（①～④）のうちから一つ選びなさい。 37

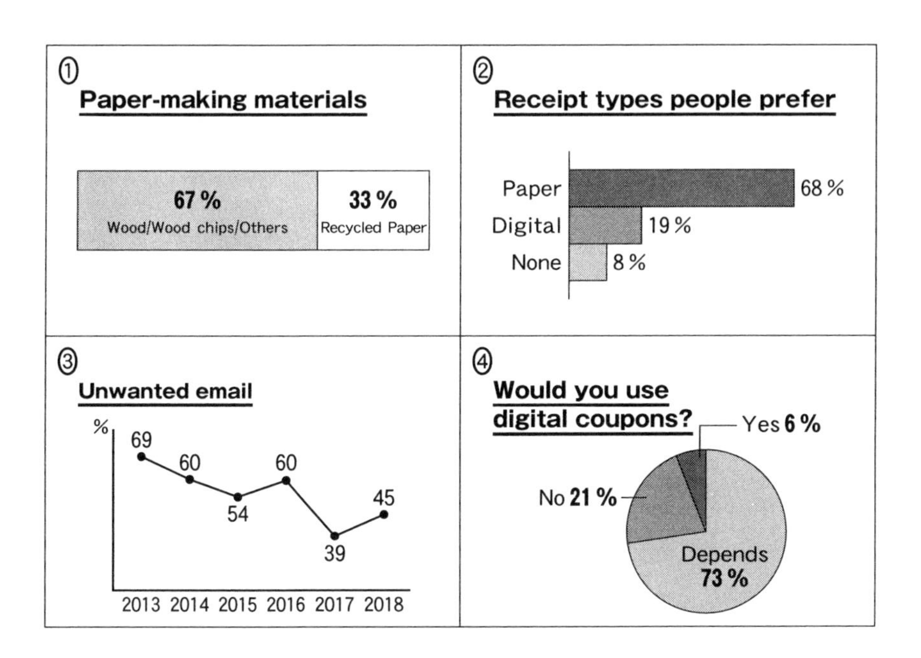

これで第６問Ｂは終わりです。

英語（リスニング）

問題番号（配点）	設問		解答番号	正解	配点	チェック
第1問（25）	A	問1	1	②	4	
		問2	2	④	4	
		問3	3	③	4	
		問4	4	②	4	
	B	問5	5	②	3	
		問6	6	①	3	
		問7	7	③	3	
第2問（16）	問8		8	②	4	
	問9		9	④	4	
	問10		10	①	4	
	問11		11	①	4	
第3問（18）	問12		12	①	3	
	問13		13	②	3	
	問14		14	③	3	
	問15		15	④	3	
	問16		16	①	3	
	問17		17	②	3	

（注）　＊は，全部正解の場合のみ点を与える。

問題番号（配点）	設問		解答番号	正解	配点	チェック
第4問（12）	A	問18	18	①	4*	
		問19	19	②		
		問20	20	③		
		問21	21	④		
		問22	22	①	1	
		問23	23	②	1	
		問24	24	①	1	
		問25	25	⑤	1	
	B	問26	26	②	4	
第5問（15）	問27		27	②	3	
	問28		28	①	2*	
	問29		29	②		
	問30		30	⑤	2*	
	問31		31	④		
	問32		32	④	4	
	問33		33	①	4	
第6問（14）	A	問34	34	③	3	
		問35	35	③	3	
	B	問36	36	①	4	
		問37	37	②	4	

自己採点欄
100点

（平均点：56.16点）

放送内容 《試験の説明》

これからリスニングテストを始めます。

この試験では，聞き取る英語が2回流れる問題と1回流れる問題があります。第1問と第2問は2回，第3問から第6問は1回です。なお，選択肢は音声ではなく，すべて問題冊子に印刷されています。

では，始めます。4ページを開いてください。

第1問A 短い発話を聞いて同意文を選ぶ問題

放送内容 《第1問Aの説明》

第1問A　第1問Aは問1から問4までの4問です。英語を聞き，それぞれの内容と最もよく合っているものを，四つの選択肢（①～④）のうちから一つずつ選びなさい。

問1 [1] 正解は②

① 話者はまったくジュースが欲しくない。
② 話者はジュースをいくらか求めている。
③ 話者はジュースを相手に出している。
④ 話者はまったくジュースを飲もうとしない。

放送内容 《ジュースのおかわり》

Can I have some more juice? I'm still thirsty.

訳 もう少しジュースをもらえますか？ まだのどが渇いています。

◇some more juice「(すでに飲んだのに加えて) もう少しのジュース」 疑問文で any ではなく some を使っているのは，yes の返事を期待しているため。

「もう少しジュースをもらえるか」とあるので，②が正解。

問2 [2] 正解は④

① 話者はその浜辺を見つけたいと思っている。
② 話者はその浜辺について知りたいと思っている。
③ 話者はその浜辺の地図を見たいと思っている。
④ 話者はその浜辺を訪れたいと思っている。

放送内容 《週末のお出かけ》

Where can we go this weekend? Ah, I know. How about Sunset Beach?

訳 今週末はどこへ行こうか？ ああ，そうだ。サンセットビーチはどうかな？

◇ How about ～?「～はどうですか？」 提案・勧めを表す。

第１文に「どこへ行こうか」とあり，その案として「ビーチはどうか」と言っているので，④が正解。

問３ 3 正解は③

① ユウジは千葉に住んでいる。
② ユウジは千葉で勉強している。
③ ユウジは来週仕事を始める。
④ ユウジは来週卒業する。

放送内容 《新天地への引っ越し》

To start working in Hiroshima next week, Yuji moved from Chiba the day after graduation.

訳 来週広島で仕事を始めるために，ユウジは卒業の翌日，千葉から引っ越した。

「来週広島で仕事を始める」とあることから，③が正解。なお，後半の moved from Chiba を聞き取れれば，①，②は不正解と判断でき，さらに the day after graduation まで聞き取れれば④も不正解だとわかる。

問４ 4 正解は②

① デイビッドは今日，話者にアイスクリームをあげた。
② デイビッドは今日，話者からアイスクリームをもらった。
③ デイビッドは今日，話者からアイスクリームをもらう。
④ デイビッドは今日，話者にアイスクリームをあげる。

放送内容 《食べてよいアイスクリームの量》

I won't give David any more ice cream today. I gave him some after lunch.

訳 今日はもうデイビッドにアイスクリームはあげません。昼食後にいくらかあげたので。

◇ not … any more *A*「もうこれ以上の *A* は…しない」

「昼食後にいくらか（アイスクリームを）あげた」とあるので，②が正解。

第1問B 短い発話を聞いて内容に近いイラストを選ぶ問題

放送内容 《第1問Bの説明》

第1問B 第1問Bは問5から問7までの3問です。英語を聞き，それぞれの内容と最もよく合っている絵を，四つの選択肢（①～④）のうちから一つずつ選びなさい。

では，始めます。

音声が流れる前にイラストを見て，４つのイラストの違いを認識し，どのような内容の英文が読み上げられるのかを予測しておこう。たとえば問５では帽子をかぶっている人とかぶっていない人がいて，①→④の順番に帽子をかぶっている人の割合が少なくなっている。だとすれば，その違いが問われるのではないか，と予測することができる。問６では，Ｔシャツの柄がすべて異なるため，シャツの柄について言及がなされると予測できる。また，問７では，絵を描いている人と，描かれている絵の内容の組み合わせが異なるため，「誰が何を描いているのか」が読み上げられる可能性があると予測できる。

ADVICE

問５ 5 正解は②

放送内容　《人々の服装》

Almost everyone at the bus stop is wearing a hat.

訳　バス停にいる人たちのほとんどみんな帽子をかぶっている。

almost everyone「ほとんどみんな」とあるので，５人中４人が帽子をかぶっている②が正解。

問６　6　正解は①

放送内容　《Ｔシャツの柄》

Nancy already has a lot of striped T-shirts and animal T-shirts. Now she's buying another design.

訳　ナンシーはすでに縞柄のＴシャツと動物柄のＴシャツをたくさん持っている。今，彼女は別のデザインのものを買おうとしている。

「縞柄と動物柄」とは「別のデザイン」のＴシャツを手に持っている①が正解。

問7 [7] 正解は③

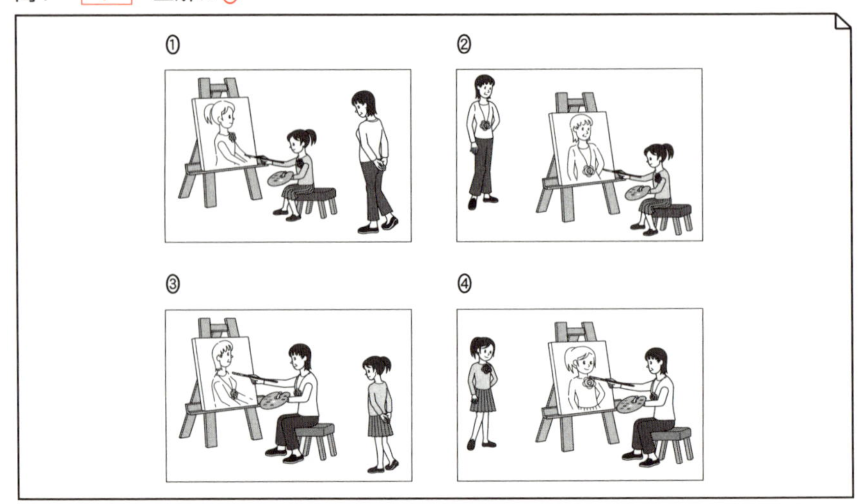

放送内容 《絵の題材》

The girl's mother is painting a picture of herself.

訳 女の子の母親は自画像を描いている。

「描いている」の主語が「女の子の母親」で，絵は of herself「自分自身の」とあるので，③が正解。

第2問　短い対話と問いを聞いてイラストを選ぶ問題

放送内容　《第2問の説明》

第2問　第2問は問8から問11までの4問です。それぞれの問いについて，対話の場面が日本語で書かれています。対話とそれについての問いを聞き，その答えとして最も適切なものを，四つの選択肢（①～④）のうちから一つずつ選びなさい。

では，始めます。

問8　8　正解は②

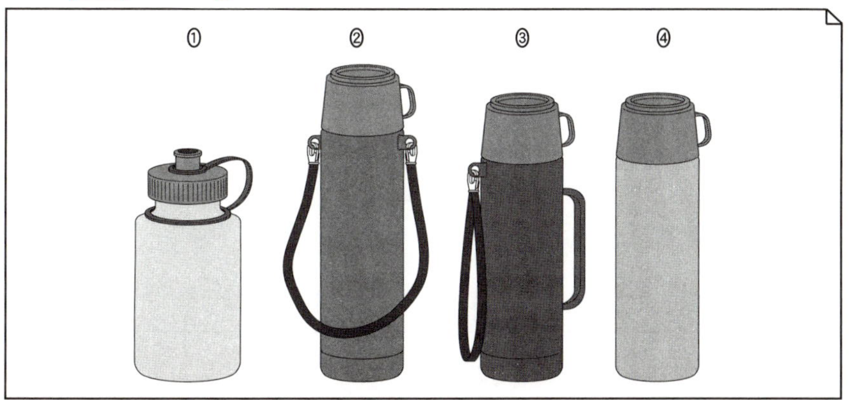

放送内容　《マリアの水筒》

M：Maria, let me get your water bottle.

W：OK, mine has a cup on the top.

M：Does it have a big handle on the side?

W：No, but it has a strap.

Question：Which water bottle is Maria's?

訳　男性：マリア，君の水筒を取ってあげるよ。

女性：ええ，私のは上にカップがついているわ。

男性：横に大きな取っ手がついている？

女性：いいえ，でもストラップはついているの。

質問：どの水筒がマリアのものか。

◇handle「取っ手」

女性の最初の発言の「上にカップがついている」，男性の２番目の発言「取っ手はついているか」に対する，女性の２番目の発言の「いいえ，でもストラップはついている」から，②が正解。

問９ 9 正解は④

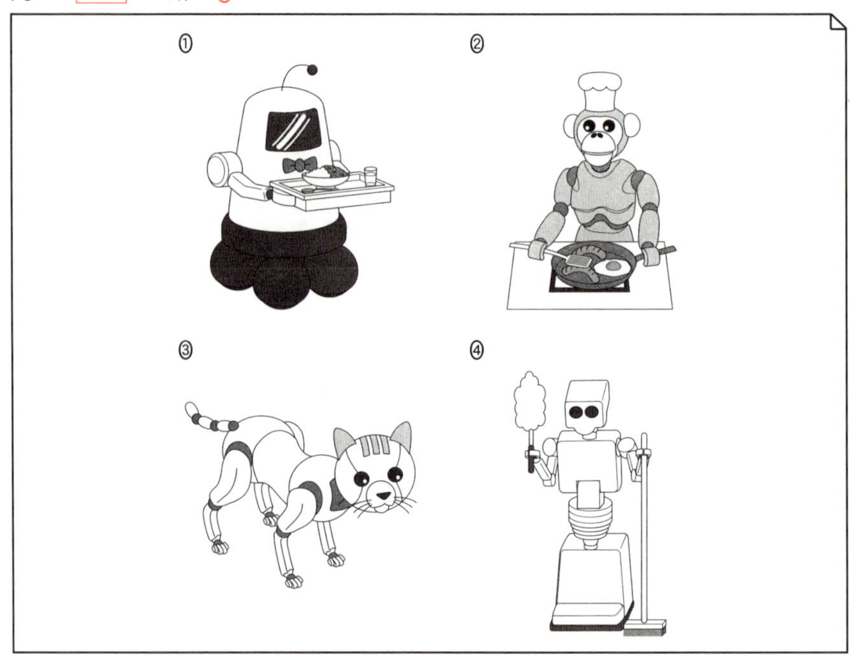

放送内容 《ロボットコンテストでの投票》

W：What about this animal one?

M：It's cute, but robots should be able to do more.

W：That's right. Like the one that can clean the house.

M：Exactly. That's the best.

Question：Which robot will the man most likely vote for?

訳 女性：この動物のはどう？

男性：かわいいね，でもロボットはもっと多くのことができるべきだな。

女性：そうね。家の掃除ができるもののようにね。

男性：そのとおりだよ。あれがいちばんいいね。

質問：どのロボットに，男性は投票する可能性が最も高いか。

女性が２番目の発言で「家の掃除ができるロボット」に言及すると，男性は２番目の発言で That's the best.「あれがいちばんいい」と言っている。**④が正解。**

問 10　10　正解は①

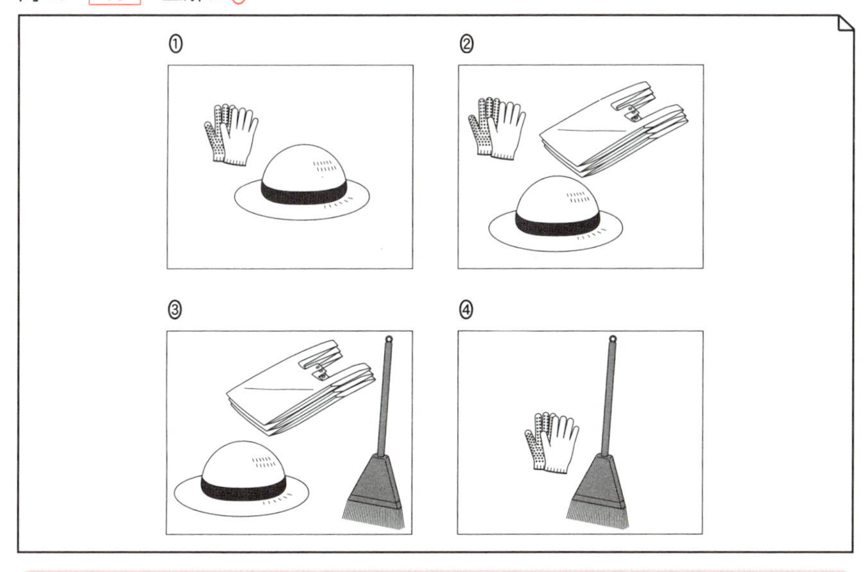

放送内容　《地域清掃の準備》

M：Don't you need garbage bags?

W：No, they'll be provided. But maybe I'll need these.

M：Right, you could get pretty dirty.

W：And it's sunny today, so I should take this, too.

Question：What will the daughter take?

訳　男性：ゴミ袋はいらないかな？

女性：いらないわ，配ってくれるでしょう。でもたぶんこれはいるわね。

男性：そうだね，すごく汚れるかもしれないからね。

女性：それに今日は晴れているから，これも持っていくべきね。

質問：娘は何を持っていくか。

男性の最初の発言で「ゴミ袋はいらないか」と尋ねているのに対して，女性の最初の発言第 1 文で「いらない」と答えているので，ゴミ袋が描かれている②，③は除外できる。女性の 2 番目の発言に「晴れているから，これも持っていくべき」とあるので，帽子を持っていくと考えられる。①が正解。また，女性の最初の発言第 2 文に「これ（ら）はたぶんいる」とあるのに対して，男性の 2 番目の発言で「とても汚れるかもしれない」とある。these「これ（ら）」となっていることで，手袋（2 つで 1 組）を指していると考えられる。

問11　11　正解は①

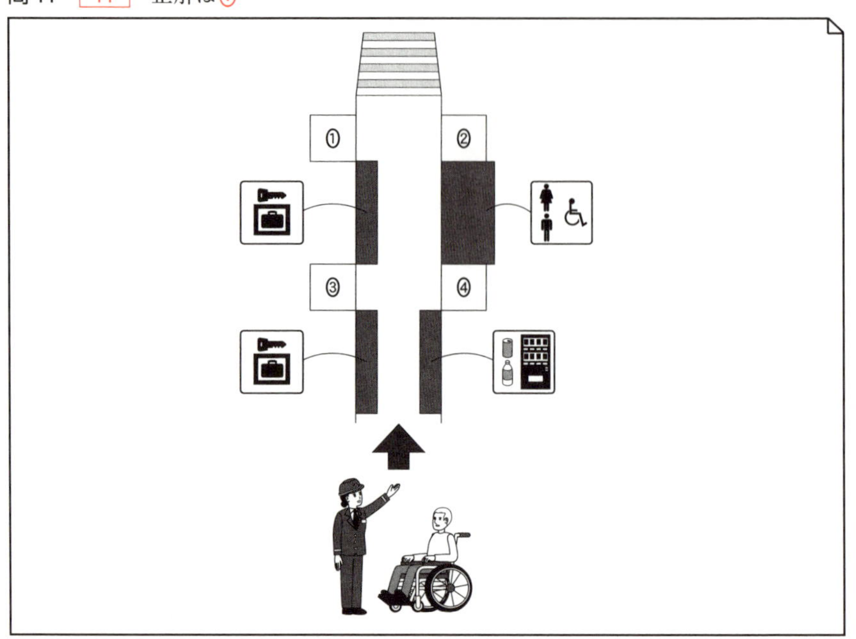

放送内容　《エレベーターの場所》

M：Excuse me, where's the elevator?

W：Down there, next to the lockers across from the restrooms.

M：Is it all the way at the end?

W：That's right, just before the stairs.

Question：Where is the elevator?

訳　男性：すみません，エレベーターはどこにありますか？

女性：あちらになります，お手洗いの向かいにあるロッカーの横ですよ。

男性：この通路の突き当りですか？

女性：そうです，階段のすぐ手前です。

質問：エレベーターはどこにあるか。

◇all the way「(道のりの) ずっと」　◇at the end「突き当りに，端に」

女性の最初の発言の「お手洗いの向かいにあるロッカーの横」，また，男性の2番目の発言の「突き当りか」という問いに対して女性の2番目の発言で「そうです，階段のすぐ手前」と答えていることから，①が正解。

第3問 短い対話を聞いて問いに答える問題

放送内容 《第3問の説明》

第3問 第3問は問12から問17までの6問です。それぞれの問いについて，対話の場面が日本語で書かれています。対話を聞き，問いの答えとして最も適切なものを，四つの選択肢（①～④）のうちから一つずつ選びなさい。

では，始めます。

問12 12 正解は①

問 先生は4月14日に何をしなくてはならないか。

① 会議に出席する　② リハーサルをする
③ 生徒たちに会う　④ ミュージカルを見る

放送内容 《先生の予定》

M : Hello, Tina. What are you doing these days?
W : Hi, Mr. Corby. I'm busy rehearsing for a musical.
M : Really? When's the performance?
W : It's April 14th, at three. Please come!
M : I'd love to! Oh... no, wait. There's a teachers' meeting that day, and I can't miss it. But good luck!
W : Thanks.

訳 男性：やあ，ティナ。最近はどうしていますか？
女性：あら，コービー先生。ミュージカルのリハーサルで忙しくしています。
男性：本当に？ 上演はいつですか？
女性：**4月14日**の3時です。来てください！
男性：ぜひとも！ あ…いやちょっと待って。**その日は職員会議があって，欠席はできませんね**。でも，幸運を祈っていますよ！
女性：ありがとうございます。

女性の2番目の発言で「（ミュージカル上演は）4月14日」と言っているのに対して，男性は3番目の発言で「その日は職員会議で，欠席できない」と答えている。**①が正解。**

問 13 13 正解は②

問 最初に片付けるのは何か。

① 袋　② 箱

③ 缶詰　④ 容器

放送内容 《食料品の収納》

M : Where do these boxes go?

W : Put them on the shelf, in the back, and then put the cans in front of them, because we'll use the cans first.

M : How about these bags of flour and sugar?

W : Oh, just leave them on the counter. I'll put them in the containers later.

訳

男性：**この箱**はどこに入れるの？

女性：**棚にしまって，奥の方にね**。それから**その手前に缶詰**を置いてね。最初に缶詰を使うだろうから。

男性：この小麦粉と砂糖の**袋はどうするの**？

女性：ああ，**それはカウンターの上に置いておいてくれたらいいわ**。あとで容器に移し替えるから。

◇ flour「小麦粉」

男性の最初の発言で「箱」の置き場所を尋ねているのに対して，女性は最初の発言で「棚の奥に」と答え，続いて「その手前に缶詰」とある。男性の２番目の発言で「袋はどうするか」と問いかけているのに対して，女性の２番目の発言で「カウンターの上に置いておく」とある。以上から，棚の奥にしまう箱を最初に片付ける必要があるとわかる。**正解は②**。女性の２番目の発言から，④については片付ける対象ではない。男性の最初の発言にある boxes をしっかり聞き取り，女性の最初の発言 we'll use the cans first の the cans first だけで判断せず，そこまでの流れを正確につかむこと。

問 14 14 正解は③

問 会話によると，どれが正しいか。

① 男性はメールに関して誤りを犯していなかった。

② 男性は女性にメールを送った。

③ 女性は男性からメールを受け取らなかった。

④ 女性は間違ったメールを受け取った。

放送内容 《メールの誤送信》

W : I didn't know the meeting was canceled. Why didn't you tell me?

M : Didn't you see my email?

W : No. Did you send me one?

M : I sure did. Can you check again?

W : Just a minute... . Um... there's definitely no email from you.

M : Uh-oh, I must have sent it to the wrong person.

訳 女性：会議が中止になったなんて知らなかったわ。どうして伝えてくれなかったの？

男性：僕のメール，見なかった？

女性：見ていないわ。送ってくれたの？

男性：間違いなく送ったよ。もう一回調べてみてくれる？

女性：ちょっと待ってね…。うーん…あなたからのメールがないのは確かよ。

男性：うわ，違う人に送ってしまったようだな。

◇definitely「（否定文で）絶対に（～ない）」

◇must have *done*「～したに違いない」

メールをチェックし直した女性が，3番目の発言で「あなたからのメールは絶対にない」と言ったのに対して，男性は3番目の発言で「違う人に送ってしまったに違いない」と答えている。③が正解。

問15　15　正解は④

問　女性は弟の計画についてどう考えているか。

① 彼は，訪問の時期を決める必要はない。

② 彼は，桜の花のためにもっと早く来るべきだ。

③ 桜の木は，彼が来る頃には咲き始めているだろう。

④ 彼が来る頃には，天候はそれほど寒くないだろう。

放送内容 《訪問の時期》

M : I've decided to visit you next March.

W : Great! That's a good time. The weather should be much warmer by then.

M : That's good to hear. I hope it's not too early for the cherry blossoms.

W : Well, you never know exactly when they will bloom, but the weather will be nice.

訳 男性：今度の３月に姉さんのところに行くことにしたよ。
女性：いいわね！　いい時期よ。その頃には天候はずっと暖かくなっているだろうからね。
男性：それはよかった。桜の花には早すぎないといいんだけれどな。
女性：そうね，いつ咲くか確実にはわからないけれど，天候はいいでしょうね。

女性の最初の発言と２番目の発言で，「天候はずっと暖かくて，よい」と述べられている。④が正解。

問 16 　16　 正解は①

問 男性はなぜ機嫌が悪いのか。
① 彼はチケットを手に入れることができなかった。
② 彼はチケットを買うのが早過ぎた。
③ 女性が彼のチケットを買わなかった。
④ 女性は彼が買う前にチケットを買った。

放送内容 《チケットの購入》
W : Hey, did you get a ticket for tomorrow's baseball game?
M : Don't ask!
W : Oh no! You didn't? What happened?
M : Well... when I tried to buy one yesterday, they were already sold out. I knew I should've tried to get it earlier.
W : I see. Now I understand why you're upset.

訳 女性：ねえ，明日の野球の試合のチケットは買った？
男性：聞かないでくれ！
女性：まあ！　買わなかったの？　何があったの？
男性：うーん…昨日買おうとしたら，もう売り切れだったんだよ。もっと早く買うようにすべきだったってわかったんだ。
女性：なるほど。なんで機嫌が悪いのかそれでわかったわ。

◇ should've *done*「～すべきだった（が，しなかった）」
男性の２番目の発言に「買おうとしたらすでに売り切れだった」とある。①が正解。

問 17　17　正解は②

問　女性は何をしたか。

① 彼女は首相の名前を忘れた。
② 彼女はある男性を他の誰かと間違えた。
③ 彼女は男性にその俳優の名前を言った。
④ 彼女は最近古い映画を見た。

放送内容 《人違い》

W : Look! That's the famous actor—the one who played the prime minister in that film last year. Hmm, I can't remember his name.

M : You mean Kenneth Miller?

W : Yes! Isn't that him over there?

M : I don't think so. Kenneth Miller would look a little older.

W : Oh, you're right. That's not him.

訳　女性：見て！　**あれって有名な俳優よね**——去年のあの映画で首相を演じた俳優。えーっと，名前が思い出せないわ。
男性：ケネス=ミラーのこと？
女性：そう！　向こうにいるあの人，彼じゃない？
男性：違うんじゃないかな。ケネス=ミラーならもっと年がいっているよ。
女性：ああ，そうね。**あれは彼じゃないわね**。

女性の最初の発言で「あれは有名な俳優だ」と，ある男性のことを指して言っているが，女性の最後の発言で「あれは彼ではない」と認めている。**②が正解**。

第4問A　モノローグを聞いて図表を完成させる問題

放送内容　《第4問Aの説明》

第4問A　第4問Aは問18から問25の8問です。話を聞き，それぞれの問いの答えとして最も適切なものを，選択肢から選びなさい。問18から問21の問題文と図を，今，読みなさい。

では，始めます。

問18〜21　18　19　20　21　正解は①，②，③，④

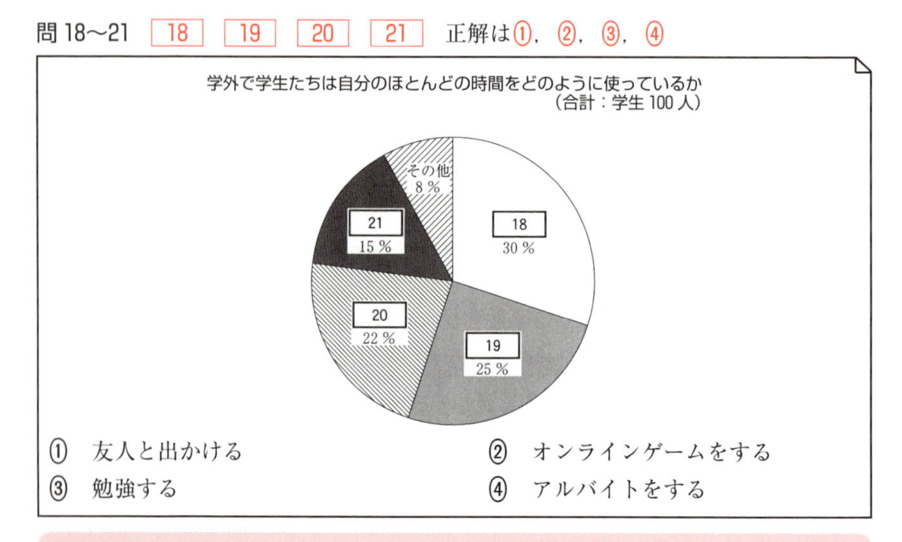

放送内容　《学生の学外での活動》

One hundred university students were asked this question : How do you spend most of your time outside of school? They were asked to select only one item from five choices : “going out with friends,” “playing online games,” “studying,” “working part-time,” and “other.” The most popular selection was “going out with friends,” with 30 percent choosing this category. Exactly half that percentage of students selected “working part-time.” “Playing online games” received a quarter of all the votes. The third most selected category was “studying,” which came after “playing online games.”

訳　100人の大学生が次のような質問をされた。「学外では自分のほとんどの時間をどのように使っているか？」 彼らは5つの選択肢から1つだけ選ぶように言われた。選択肢は「友人と出かける」，「オンラインゲームをする」，「勉強する」，「アルバイトをする」，「その他」である。最も多く選ばれたのは「友人と出かける」で，30パーセントがこの区分を選んだ。そのちょうど半分の学生が「アルバイトをする」を選んだ。「オンラインゲームをする」は全投票の4分の1だった。3番目に多く選ばれた区分は「勉強する」で，「オンラインゲームをする」に次ぐものだった。

◇ work part-time「アルバイトをする，パートタイムで働く」

18 正解は①

第3文（The most popular …）に「最も多く選ばれたのは『友人と出かける』で，30パーセント」とあるので 18 には①が当てはまる。

19 正解は②

第5文（“Playing online games” …）に「『オンラインゲームをする』は全投票の4分の1だった」とあり，25パーセントになっている 19 には②が当てはまる。

20 正解は③

最終文（The third most …）に「3番目に多く選ばれた区分は『勉強する』で，『オンラインゲームをする』に次ぐ」とあるので， 20 には③が当てはまる。

21 正解は④

第3・4文（The most popular …“working part-time.”）に「30パーセントのちょうど半分の学生が『アルバイトをする』を選んだ」とあり，15パーセントになっている 21 には④が当てはまる。

放送内容 《第4問A，問22〜25の説明》

問22から問25の問題文と表を，今，読みなさい。

では，始めます。

問22〜25 22 23 24 25 正解は①，②，①，⑤

タイトル	発売時期	値下げ
ギルバートの思い出の一年	1985	
★2匹の犬と一人の少年	1997	22
その間私を忘れないで	2003	23
★うちの庭のサル	2007	24
別世界への旅	2016	
記憶の中に凍結された瞬間	2019	25

① 10パーセント　② 20パーセント　③ 30パーセント

④ 40パーセント　⑤ 値下げなし

放送内容 《DVDの割引率》

We've discounted some DVD titles. Basically, the discount rate depends on their release date. The price of any title released in the year 2000 and before is reduced 30%. Titles that were released between 2001 and 2010 are 20% off. Anything released more recently than that isn't discounted. Oh, there's one more thing! The titles with a star are only 10% off, regardless of their release date, because they are popular.

訳 DVDの一部を値下げしました。基本的に，割引率は発売時期によります。2000年以前に発売されたものはどれでも，その値段は30パーセント引きです。2001年から2010年に発売されたものは，20パーセント引きです。それよりも最近に発売されたものはどれも値引きはしません。ああ，もう一つあります！ 星印のついたものは，発売時期に関係なく，10パーセントしか値引きしません。人気のあるものですから。

◇ regardless of 〜「〜とは関係なく，〜にかかわらず」

理路整然とした文章とは異なり，話し言葉の特徴として，「後から言い直す」「情報を追加する」「何かを突然思いつく（思い出す）」といったことが挙げられる。たとえば，問 22〜25 の放送内容では Oh, there's one more thing! と，言うべきことを思い出して情報を追加している。こうした「ワナ」に注意して聞く姿勢をもとう。

ADVICE

22　正解は①

最終文（The titles with a star …）に「星印のついたものは，発売時期に関係なく，10 パーセントしか値引きしない」とあるので，①が正解。

23　正解は②

この DVD は 2003 年発売である。第 4 文（Titles that were released …）に「2001 年から 2010 年に発売されたものは，20 パーセント引き」とある。②が正解。

24　正解は①

星印がついており，22 と同様，①が正解。

25　正解は⑤

この DVD は 2019 年発売である。第 5 文（Anything released …）に「それ（＝2010 年）よりも最近に発売されたものはどれも値引きしない」とある。⑤が正解。

第4問B 複数の情報を聞いて条件に合うものを選ぶ問題

放送内容 《第4問Bの説明》

第4問B 第4問Bは問26の1問です。話を聞き，示された条件に最も合うものを，四つの選択肢（①〜④）のうちから一つ選びなさい。状況と条件を，今，読みなさい。

では，始めます。

問26 [26] 正解は②

問 [ ] が，あなたが最も選ぶ可能性の高いミュージカルである。

ミュージカルのタイトル	条件A	条件B	条件C
① そんなこと言うなんてヘンっ！			
② ダーリン，私を笑わせないで			
③ サムとキースの爆笑アドベンチャー			
④ 愉しさに「楽しさ」を			

放送内容 《ミュージカルの評価》

1. I love *It's Really Funny You Should Say That!* I don't know why it's not higher in the rankings. I've seen a lot of musicals, but none of them beats this one. It's pretty serious, but it does have one really funny part. It's performed only on weekdays.
2. You'll enjoy *My Darling, Don't Make Me Laugh*. I laughed the whole time. It's only been running for a month but already has very high ticket sales. Actually, that's why they started performing it on weekends, too.
3. If you like comedies, I recommend *Sam and Keith's Laugh Out Loud Adventure*. My friend said it was very good. I've seen some good reviews about it, too, but plan carefully because it's only on at the weekend.
4. Since you're visiting New York, don't miss *You Put the 'Fun' in Funny*. It's a romance with a few comedy scenes. For some reason, it hasn't had very good ticket sales. It's staged every day of the week.

訳 1．僕は『そんなこと言うなんてヘンっ！』が大好きだよ。なぜ**ランキングがもっと高くない**のかわからないな。ミュージカルはたくさん見てきたけれど，これにかなうのはないよ。**かなり堅い**けれど，本当に面白いところが一つあるから。やっているのは**平日だけ**だよ。
2．『ダーリン，私を笑わせないで』は楽しいと思うよ。**僕はずっと笑ってた**。公演が始まって１カ月しかたっていないのに，もう**チケットはすごく売れた**んだ。実は，そういうわけで**週末も公演するようになった**んだよ。
3．**コメディが好きなら**，『サムとキースの爆笑アドベンチャー』がおすすめよ。私の友達はとてもよかったって言ってたわ。私も**いくつかいい論評を見た**わよ。でも計画は注意して立ててね。**週末しかやっていない**から。
4．ニューヨークに行くんだから，『愉しさに「楽しさ」を』は見逃さないでね。いくつか笑える場面のある**恋愛劇**よ。何かの理由で，**チケットの売り上げは今のところそれほどよくないの**。**毎日公演があるわ**。

◇ beat「～に勝る」 ◇ pretty「かなり」 ◇ run「（劇などが）上演される」
◇ be on「上演されている」

ADVICE

４人の話者から提示される情報を整理するために，問題冊子の表の空欄に○や×の記号を付けながら聞こう。なお，Actually, that's why they started performing it on weekends, too.「実は，そういうわけで週末にも公演するようになったんだよ」という情報から，平日に上演されていることが前提となることを推測することが求められている点に注意しよう。

①は「堅い」内容なので，条件Ａは×。「ランキングが高くない」ので条件Ｂも×。「平日のみ公演」なので，条件Ｃは○。
②は「ずっと笑っていた」とあるので条件Ａは○。「チケットはすごく売れた」ので条件Ｂも○。「週末も公演するようになった」とあるので，平日は当然公演がある。条件Ｃも○。
③は「もしコメディが好きなら」として挙げられているので，条件Ａは○。「いくつかいい論評を見た」とあるので，条件Ｂも○。「週末しかやっていない」とあるので，条件Ｃは×。
④は「恋愛劇」とあるので，条件Ａは×。「チケットの売り上げはそれほどよくない」とあるので，条件Ｂも×。「毎日公演がある」とあるので，条件Ｃは○。
以上を表にまとめると次ページのようになる。条件のすべてが合っている**②が正解**。

ミュージカルのタイトル	条件A	条件B	条件C
① そんなこと言うなんてヘンっ!	×	×	○
② ダーリン，私を笑わせないで	○	○	○
③ サムとキースの爆笑アドベンチャー	○	○	×
④ 愉しさに「楽しさ」を	×	×	○

第5問 講義の内容と図表の情報を使って問いに答える問題

放送内容 《第5問の説明》

第5問　第5問は問27から問33の7問です。最初に講義を聞き，問27から問32に答えなさい。次に続きを聞き，問33に答えなさい。状況・ワークシート，問い及び図表を，今，読みなさい。

では，始めます。

ワークシート

○ **世界幸福度報告**

・目的：幸福と健康〔 27 〕を推進すること

・スカンジナビア諸国：一貫して世界で最も幸福（2012年以降）

なぜ？ ⇒ デンマークの**「ヒュッゲ」**という生活様式

↓ 2016年世界中に広まる

○ **ヒュッゲの解釈**

	ヒュッゲの一般的イメージ	デンマークの本当のヒュッゲ
何を	28	29
どこで	30	31
どのような	特別な	日常的な

放送内容 《デンマークの幸せな暮らし方》

What is happiness? Can we be happy and promote sustainable development? Since 2012, the *World Happiness Report* has been issued by a United Nations organization to develop new approaches to economic sustainability for the sake of happiness and well-being. The reports show that Scandinavian countries are consistently ranked as the happiest societies on earth. But what makes them so happy? In Denmark, for example, leisure time is often spent with others. That kind of environment makes Danish people happy thanks to a tradition called "hygge," spelled H-Y-G-G-E. Hygge means coziness or comfort and describes the feeling of being loved.

This word became well-known worldwide in 2016 as an interpretation of mindfulness or wellness. Now, hygge is at risk of being commercialized. But hygge is not about the material things we see in popular images like candlelit rooms and cozy bedrooms with hand-knit blankets. Real hygge happens anywhere—in public or in private, indoors or outdoors, with or without candles. The main point of hygge is to live a life connected with loved ones while making ordinary essential tasks meaningful and joyful.

Perhaps Danish people are better at appreciating the small, "hygge" things in life because they have no worries about basic necessities. Danish people willingly pay from 30 to 50 percent of their income in tax. These high taxes pay for a good welfare system that provides free healthcare and education. Once basic needs are met, more money doesn't guarantee more happiness. While money and material goods seem to be highly valued in some countries like the US, people in Denmark place more value on socializing. Nevertheless, Denmark has above-average productivity according to the OECD.

訳 幸福とは何でしょうか？　幸せでありながら持続可能な発展を進めていけるのでしょうか？　2012年以降，**幸福と健康のための経済的持続可能性に対する新しい取り組みを考えるために，ある国連機関から「世界幸福度報告」が発表されています**。その報告は，スカンジナビア諸国が一貫して，世界で最も幸福な社会に位置づけられていることを示しています。しかし，何が彼らをそんなに幸せにしているのでしょうか？　たとえば，デンマークでは，よく人と一緒に余暇を過ごします。そのような環境がデンマークの人たちを幸せにしているのですが，これは「ヒュッゲ」と呼ばれる伝統のおかげです。つづりはH-Y-G-G-Eです。ヒュッゲは居心地のよさや快適さを意味し，愛されているという気持ちを表します。

この言葉は，精神的な充実や心身の健康を説明するものとして，2016 年に世界中で知られるようになりました。現在，ヒュッゲには商業化されるという危険性があります。しかし，**ヒュッゲは，ロウソクで照らされた部屋や手編みのブランケットのある心地よい寝室といった，よくあるイメージに見られるような物質的なものに関することではありません**。**本当のヒュッゲは**，公的な場でも私的な場でも，屋内でも屋外でも，ロウソクがあろうとなかろうと，**どこでも起こります**。**ヒュッゲの要点は**，日々の欠かせない仕事を意味があり楽しいものにしながら，**愛する人たちとつながった暮らしを送ること**です。

おそらく，**デンマークの人たちがちょっとした「ヒュッゲ」的なものを生活の中できちんと見出すのがより上手なのは，基本的必需品のことで何も心配がないから**でしょう。デンマークの人々は，収入の 30 パーセントから 50 パーセントを喜んで税金に払います。**こうした高い税金には，無料の医療や教育を与えてくれる十分な福祉システムという見返りがあるのです**。いったん基本的な必要が満たされれば，より多くのお金がより幸福であることを保証することにはなりません。お金や物質的な品物は，アメリカ合衆国のような国で高く評価されるようですが，**デンマークの人々は，人と交流することのほうにもっと価値を置いています**。それでも，OECD によるとデンマークは平均的な生産性を上回っているのです。

◇ sustainable「持続可能な」　◇ for the sake of ～「～（の利益）のために」
◇ pay for ～「～という報い〔報酬〕を受ける」

ワークシート等を確認する時間（約 60 秒）は，解答時間中に設けられているが，少しでも時間を確保できるように，第 4 問Ｂの解答を速やかに終えたら，すぐに第 5 問のワークシートを見て，①何がテーマなのか，②どのようなことが読み上げられるのか，③どんな情報を聞き取らねばならないかを把握したい。さらに，問 32 の選択肢のキーワードをチェックし，できれば問 33 のグラフのテーマまで把握することが望ましい。なお，本問では，ワークシートに書かれている情報（問 27～問 31）は放送音声の前半 3 分の 2 ほどで，残る 3 分の 1 の情報が問 32 で問われるため，ワークシートの情報だけで全体を把握したと勘違いしないように気をつけよう。

また，選択肢はかなり巧妙に言い換えられているため，抽象化したり，推測したり，消去法で解答したりする必要もある。たとえば問 30 では hygge is not about the material things we see in popular images like candlelit rooms and cozy bedrooms with hand-knit blankets という情報から，⑤ indoors を正解とするが，candlelit rooms and cozy bedrooms という情報を「屋内で（indoors）」とまとめることができるかどうかが問われている。

ADVICE

問27 27 正解は②

① （幸福と健康）を上回る持続可能な発展目標
② （幸福と健康）を支える持続可能な経済
③ （幸福と健康）のための持続可能な自然環境
④ （幸福と健康）に挑む持続可能な社会

空所は「世界幸福度報告」の「目的」にあたる箇所。第1段第3文（Since 2012, …）に「幸福と健康のための経済的持続可能性に対する新しい取り組みを考えるために…『世界幸福度報告』が発表されている」とある。**②が適切**。なお，放送英文では，for the sake of happiness and well-being「幸福と健康のための」と説明されているが，選択肢では supporting happiness and well-being「幸福と健康を支える」と言い換えられている点に注意。

問28〜31

① 品物	② 人間関係	③ 任務
④ いたるところで	⑤ 屋内で	⑥ 屋外で

28 正解は① 29 正解は②

空所は，ヒュッゲが何に関するものなのか，よくあるイメージとデンマークでの本当のヒュッゲの違いをまとめた箇所。第2段第3文（But hygge is not …）に「（ヒュッゲは）よくあるイメージに見られるような物質的なものに関することではない」とあるので，28 には**①が当てはまる**。第2段最終文（The main point …）に「ヒュッゲの要点は…愛する人たちとつながった暮らしを送ること」，第3段第5文（While money and …）後半に「デンマークの人々は，人と交流することのほうにもっと価値を置いている」とあることから，29 には**②が適切**。

30 正解は⑤ 31 正解は④

空所は，ヒュッゲがどこで生まれるか，よくあるイメージとデンマークでの本当のヒュッゲの違いをまとめた箇所。第2段第3文（But hygge is not …）に「ロウソクで照らされた部屋や手編みのブランケットのある心地よい寝室といった，よくあるイメージ」とあることから，30 には**⑤が適切**。第2段第4文（Real hygge happens …）に「本当のヒュッゲはどこでも起こる」とあるので，31 は**④が正解**。

○ 世界幸福度報告
・目的：幸福と健康〔②を支える持続可能な経済〕を推進すること
・スカンジナビア諸国：一貫して世界で最も幸福（2012年以降）
なぜ？ ⇒ デンマークの「ヒュッゲ」という生活様式
↓ 2016年世界中に広まる
○ ヒュッゲの解釈

	ヒュッゲの一般的イメージ	デンマークの本当のヒュッゲ
何を	①品物	②人間関係
どこで	⑤屋内で	④いたるところで
どのような	特別な	日常的な

問32 32 正解は④

① デンマークの人々は，生活水準を維持するために，高い税金に反対している。
② デンマークの人々は，基本的な必需品に人づきあいほどお金を使わない。
③ デンマークの人々の収入は，ぜいたくな生活を奨励するほど十分多い。
④ デンマークの人々は，その福祉システムのおかげで，意味のある生活を送れる。

第3段第1文（Perhaps Danish people are better …）に「デンマークの人たちがちょっとした『ヒュッゲ』的なものを生活の中できちんと見出すのがより上手なのは，基本的必需品のことで何も心配がないからだ」とあり，「基本的必需品のことで何も心配がない」理由として同段第3文（These high taxes pay …）に「高い税金には，無料の医療や教育を与えてくれる十分な福祉システムという見返りがある」とある。④が一致する。

問 33 33 正解は①

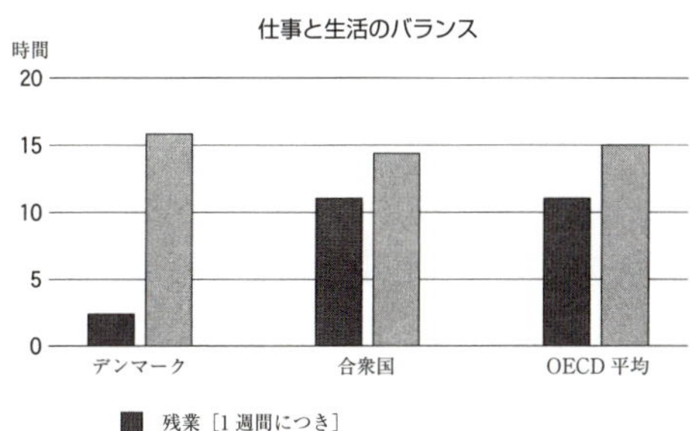

① デンマークの人々は，生産性を維持しながらも残業はより少ない。
② デンマークの人々は，収入が保証されているにもかかわらず，より多く働くことを楽しむ。
③ OECD 諸国の人々は，より多く残業するので，生産性がより高い。
④ 合衆国の人々は，お金のかかる生活様式をしているが，余暇の時間は最も多い。

放送内容 《仕事と生活のバランス》

Here's a graph based on OECD data. People in Denmark value private life over work, but it doesn't mean they produce less. The OECD found that beyond a certain number of hours, working more overtime led to lower productivity. What do you think?

訳 ここに OECD のデータに基づいたグラフがあります。デンマークの人々は，仕事よりも個人の生活を重視していますが，**それは彼らが他より生産するものが少ないということではありません**。OECD は，一定の時間を超えると，さらに残業することは生産性の低下につながるということを発見しました。あなたはどう思いますか？

◇ value *A* over *B*「*B* よりも *A* を重視する」

グラフから，デンマークの人々の残業時間が合衆国や OECD 平均よりはるかに少ないことがわかる。先の講義の最終文（Nevertheless, Denmark has …）にデンマークの生産性が平均以上であることが述べられており，講義の続きの部分の第 2 文（People in Denmark …）には「デンマークの人々は…他より生産するものが少ないということではない」とある。**①が正解**。

第6問A 対話を聞いて要点を把握する問題

放送内容 《第6問Aの説明》

第6問A　第6問Aは問34と問35の2問です。二人の対話を聞き，それぞれの問いの答えとして最も適切なものを，四つの選択肢（①～④）のうちから一つずつ選びなさい。状況と問いを，今，読みなさい。

では，始めます。

放送内容 《留学での滞在先》

Jane：Are you all right, Sho? What's wrong?

Sho：Hey, Jane. It turns out a native French-speaking host family was not available... for my study abroad program in France.

Jane：So you chose a host family instead of the dormitory, huh?

Sho：Not yet. I was hoping for a native French-speaking family.

Jane：Why?

Sho：Well, I wanted to experience real spoken French.

Jane：Sho, there are many varieties of French.

Sho：I guess. But with a native French-speaking host family, I thought I could experience real language and real French culture.

Jane：What's "real," anyway? France is diverse. Staying with a multilingual family could give you a genuine feel of what France actually is.

Sho：Hmm. You're right. But I still have the option of having a native speaker as a roommate.

Jane：In the dormitory? That might work. But I heard one student got a roommate who was a native French speaker, and they never talked.

Sho：Oh, no.

Jane：Yes, and another student got a non-native French-speaking roommate who was really friendly.

Sho：Maybe it doesn't matter if my roommate is a native speaker or not.

Jane：The same applies to a host family.

訳

ジェーン：大丈夫，ショウ？　どうしたの？

ショウ：やあ，ジェーン。フランス語が母語のホストファミリーの都合がつかなかったってわかってね…フランス留学のことなんだけれど。

ジェーン：じゃあ，寮じゃなくてホストファミリーを選んだのね？

ショウ：まだ決めたわけじゃないよ。フランス語が母語のホストファミリーがいいなって思っていたんだ。
ジェーン：どうして？
ショウ：だって，本当の話し言葉のフランス語を経験したかったんだよ。
ジェーン：ショウ，フランス語にもいろいろあるのよ。
ショウ：そうだろうね。でも，フランス語が母語のホストファミリーのところにいれば，本当の言語や本当のフランス文化が経験できると思ったんだ。
ジェーン：それはそうとして，「本当の」って，どういうこと？　フランスは多様なのよ。複数の言語を話す家族のところに滞在すれば，実際にフランスがどういうものか本物の雰囲気がわかるかもよ。
ショウ：うーん。君の言うとおりだな。でもまだ，ルームメイトをネイティブスピーカーにするっていう選択肢もあるよね。
ジェーン：寮で？　それはうまくいくかもしれないわ。だけど，ある学生は，フランス語が母語の人とルームメイトになって，まったく口をきかなかったって聞いたわよ。
ショウ：えー，それはだめだなあ。
ジェーン：そうよ，で，別の学生は，フランス語が母語じゃないけれど，とても人懐っこい人とルームメイトになったんだって。
ショウ：たぶん，ルームメイトがネイティブスピーカーかどうかなんて，どうでもいいんだろうね。
ジェーン：ホストファミリーも同じよ。

◇ What's wrong?「どうしたの？」 様子がおかしい人に事態を尋ねる決まり文句。
◇ It turns out (that) ～「～だと判明する，わかる」 ◇ available「利用できる」
◇ instead of ～「～ではなくて，～の代わりに」 ◇ genuine「本物の，真正の」
◇ feel「感触，雰囲気」 ◇ apply to ～「～に当てはまる」

ADVICE

話者の「意図」が問われている。そのため，発話の内容から，話者が何を伝えたいのかを推測する必要がある。消去法も活用しながら，「ある事柄に対して肯定的なのか，否定的なのか」といった話者の立場や意図を推測し，正解を導こう。

問 34　[34]　正解は③

> 問　ジェーンの言いたいことの要点は何か。
> ①　フランス語が母語のホストファミリーが，最善の経験を与えてくれる。
> ②　フランス語が母語ではない寮のルームメイトが，より勉強になる。
> ③　ネイティブスピーカーと暮らすことを最優先にすべきではない。
> ④　寮は，最善の言語経験を与えてくれる。

ジェーンの5番目の発言第3文（Staying with a multilingual …）に「複数の言語を話す家族のところに滞在すれば，実際にフランスがどういうものか本物の雰囲気がわかる」，ジェーンの6番目の発言第3文（But I heard …）・7番目の発言（Yes, and another …）に「ある学生は，フランス語が母語の人とルームメイトになって，まったく口をきかなかった」「別の学生は，フランス語が母語ではないが，とても人懐っこい人とルームメイトになった」とある。フランス語のネイティブスピーカーにこだわる必要がないことを繰り返し述べており，③が正解。

問 35　[35]　正解は③

> 問　ショウはどのような選択をする必要があるか。
> ①　言語課程と文化課程のどちらを選ぶべきか
> ②　留学するかしないかのどちらを選ぶべきか
> ③　ホストファミリーと寮のどちらに滞在すべきか
> ④　フランス語が母語の家族のところに滞在すべきかどうか

ジェーンの2番目の発言（So you chose …）の「寮ではなくホストファミリーを選んだのか」という問いに対して，続くショウの発言で Not yet.「まだ決めたわけではない」とある。ショウの最後の発言（Maybe it doesn't …）に「ルームメイトがネイティブスピーカーかどうかは，どうでもよいのだろう」，続くジェーンの発言に「ホストファミリーも同じだ」とあり，ネイティブスピーカーと暮らすことにこだわりがなくなったショウには，滞在先を寮にするかホストファミリーにするかを決めることが残っている。③が正解。

第6問B　複数の意見（会話や議論）を聞いて問いに答える問題

放送内容　《第6問Bの説明》

第6問B　第6問Bは問36と問37の2問です。会話を聞き，それぞれの問いの答えとして最も適切なものを，選択肢のうちから一つずつ選びなさい。状況と問いを，今，読みなさい。

では，始めます。

放送内容　《レシートの電子化》

Yasuko：Hey, Kate! You dropped your receipt. Here.

Kate：Thanks, Yasuko. It's so huge for a bag of chips. What a waste of paper!

Luke：Yeah, but look at all the discount coupons. You can use them next time you're in the store, Kate.

Kate：Seriously, Luke? Do you actually use those? It's so wasteful. Also, receipts might contain harmful chemicals, right Michael?

Michael：Yeah, and that could mean they aren't recyclable.

Kate：See? We should prohibit paper receipts.

Yasuko：I recently heard one city in the US might ban paper receipts by 2022.

Luke：Really, Yasuko? But how would that work? I need paper receipts as proof of purchase.

Michael：Right. I agree. What if I want to return something for a refund?

Yasuko：If this becomes law, Michael, shops will issue digital receipts via email instead of paper ones.

Kate：Great.

Michael：Really? Are you OK with giving your private email address to strangers?

Kate：Well... yes.

Luke：Anyway, paper receipts are safer, and more people would rather have them.

Yasuko：I don't know what to think, Luke. You could request a paper receipt, I guess.

Kate：No way! There should be NO paper option.

Michael：Luke's right. I still prefer paper receipts.

訳

ヤスコ：ちょっと，ケイト！　レシートを落としたわよ。はい，どうぞ。
ケイト：ありがとう，ヤスコ。ポテトチップ 1 袋にしては，大きなレシートね。紙の無駄だわ！
ルーク：そうだね，でもこの諸々の割引クーポンを見なよ。次に店に来たらそれが使えるよ，ケイト。
ケイト：ルーク，本気なの？　本当にそういうのを使うの？　無駄が多いわよ。それにレシートには有害な化学物質が含まれているかもしれないのよ，マイケル，そうでしょ？
マイケル：そうだよ，それはリサイクルできないということになる可能性があるね。
ケイト：ほらね。紙のレシートは禁止すべきだわ。
ヤスコ：アメリカのどこかの市が 2022 年までに紙のレシートを禁止するかもしれないって，最近聞いたわ。
ルーク：ヤスコ，本当に？　でもそれってどうやったら上手くいくんだろう？　僕は買った証拠に紙のレシートがいるなあ。
マイケル：そうだよ。僕は賛成。何か返品して返金してもらいたかったらどうなるの？
ヤスコ：マイケル，これが法律になったら，店は紙のレシートの代わりに，メールでデジタルレシートを発行するのよ。
ケイト：すごーい。
マイケル：そうなの？　個人のメールアドレスを知らない人に教えるのって，君は大丈夫？
ケイト：うーん…大丈夫よ。
ルーク：いずれにしても，紙のレシートのほうが安全だし，そっちがいいと言う人のほうが多いよ。
ヤスコ：私，どう考えればいいかわからないわ，ルーク。あなたは紙のレシートをくださいって言うのよね。
ケイト：とんでもないわ！　紙の選択もできるなんてだめよ。
マイケル：ルークが正しいよ。僕はまだ紙のレシートのほうがいいな。

◇ purchase「購入」　◇ issue「～を発行する」
◇ no way「とんでもない，冗談じゃない」

4 人の話者の発話を聞き分けながら情報を把握しなくてはならないため，話者が互いの名前を呼ぶときにメモしておき，話者の立場を整理しなくてはならない。特に，同性の話者が続く場合，声色の変化，話し方，内容から話者が変わったことを把握しなくてはならないので，問題としてはかなり難しい。また，今回の問題では Yasuko のように賛否を明らかにしていない話者もいるため，引っかからないように注意しなくてはならない。

ADVICE

問 36 36 正解は①

① 1人	② 2人	③ 3人	④ 4人

レシートの電子化の話は，ヤスコの3番目の発言（If this becomes law, …）で初めて出てくる。直後のケイトの4番目の発言は「すごい」と肯定的な反応になっている。ケイトの最後の発言第2文（There should be …）でも「紙の（レシートの）選択はあるべきではない」と述べている。ケイトはレシートの電子化に賛成している。ルークの最後の発言（Anyway, paper receipts …）には「紙のレシートのほうが安全だ」とあり，マイケルの最後の発言（Luke's right. …）では「ルークが正しい。僕はまだ紙のレシートのほうがいい」とある。ルークとマイケルはレシートの電子化に反対していることがわかる。ヤスコはレシートの電子化の話を出した本人だが，最後の発言（I don't know …）で「どう考えればいいかわからない」と述べており，賛否は明らかにしていない。以上から，明らかにレシートの電子化に賛成しているのはケイト1人である。①が正解。

問 37 37 正解は②

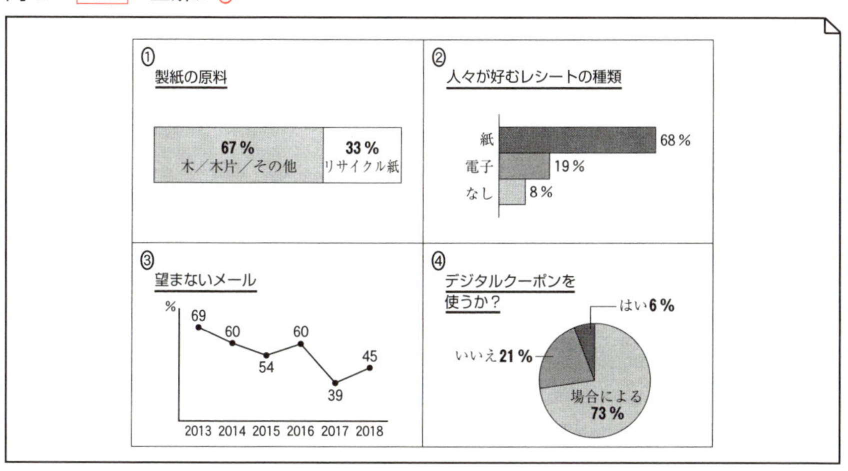

ルークの最後の発言（Anyway, paper receipts …）後半に「そっち（＝紙のレシート）がいいと言う人のほうが多い」とある。②が正解。

問われる力

	問題番号	(A)	(B)	(C)	(D)	(E)
第1問A	1	○				
	2	○				
	3	○				
	4	○				
第1問B	5	○			○	
	6	○			○	
	7	○			○	
第2問	8	○			○	
	9	○			○	○
	10	○			○	○
	11	○			○	
第3問	12	○				
	13	○	○			
	14	○				
	15	○				
	16	○		○		
	17	○	○			
第4問A	18	○			○	
	19					
	20					
	21					
	22	○			○	
	23	○			○	
	24	○			○	
	25	○			○	
第4問B	26	○	○		○	○

	問題番号	(A)	(B)	(C)	(D)	(E)
第5問	27	○				
	28	○	○		○	○
	29					
	30	○	○		○	○
	31					
	32	○	○	○		
	33	○				
第6問A	34	○	○			○
	35	○	○			○
第6問B	36	○	○			
	37	○	○			

〈1〉情報を選び出す

(A)必要な情報を選び出し，客観的に理解する力

〈2〉つながりを理解する

(B)情報をまとめたり具体化して理解する力

(C)物事の因果関係（原因と結果など）を理解する力

(D)複数の情報を関連づけて比較・整理する力

〈3〉推測する

(E)与えられた情報から推測する力